Con mi
Cariño.

Rosario Marín

Una líder entre dos mundos

Una líder
entre
dos mundos

La historia de la primera mexicana
tesorera de Estados Unidos

• Rosario Marín •

AGUILAR

Título original: *Leading Between Two Worlds*.
Copyright © by Marín & Marín L.L.C. All Rights Reserved.
Published by arrangement with the original publisher, Atria Books, an imprint of Simon & Schuster, Inc.
First Atria Books trade paperback edition June, 2004.

De esta edición:
D. R. © Santillana Ediciones Generales, S.A. de C.V., 2008.
Av. Río Mixcoac 274, Col. Acacias
México, 03240, D.F., Teléfono (52 55) 54 20 75 30

Primera edición: mayo de 2008
Novena reimpresión: septiembre de 2013

ISBN: 978-970-58-0361-1

Diseño de cubierta e interiores: Angélica Alva Robledo

Impreso en México.

Reservados todos los derechos conforme a la ley. El contenido y los diseños íntegros de este libro se encuentran protegidos por las Leyes de Propiedad Intelectual. La adquisición de esta obra autoriza únicamente su uso de forma particular y con carácter doméstico. Queda prohibida su reproducción, transformación, distribución, y/o transmisión, ya sea de forma total o parcial, a través de cualquier forma y/o cualquier medio conocido o por conocer, con fines distintos al autorizado.

Para mis hijos, Eric, Carmen y Alex,
que son mi inspiración.
Para mi esposo, Álvaro Alejandro,
quien es mi sostén.
Para mis padres, Carmen y Mariano,
porque son mi fortaleza.
Y para Dios, porque mi vida es suya.

Contenido

Prólogo..11

Primera parte: La familia
    1. Expresión verbal de la oscuridad.............19
    2. El viaje..29
    3. La vida antes de Eric y después
       de Eric (a.E. y d.E.)..................................59
    4. Caída vertiginosa 77
    5. Nace una familia.....................................91
    6. Vivir con una meta.............................. 109

Segunda parte: Una vida en la política
    7. Un puente entre dos mundos................ 119
    8. Actividad local 137
    9. El beso de Judas 147
    10. Atesorar las oportunidades.................. 167
    11. La oportunidad de mi vida 203
    12. Regreso a la nación mexicana.............. 211

Tercera parte: Palabras a las cuales apegarse
    13. Abrir brecha.. 219
    14. Las siete medidas fructíferas................ 233

Agradecimientos 305

Prólogo

Algunas personas tienen la certeza de que un libro bulle en su interior, listo para volcarse sobre una página. Yo no. En mi opinión, los principales ingredientes de mi vida eran muy parecidos a los de cualquier otra persona. No obstante, al paso de los años seguía oyendo muchas versiones de la misma pregunta: "¿No has pensado en escribir la historia de tu vida?" Me halagaba la sugerencia, pero nunca me imaginé como escritora. En mi vida he tenido muchos papeles: hija, madre, esposa, banquera, asesora y política. Todos los pude manejar; pero, ¿ser *escritora*? El inglés ni siquiera es mi idioma materno, además, ¿de dónde iba a sacar tiempo para empezar a plasmar mi vida en una página? Tal vez algún día, pensaba, pero tenía muchas cosas entre manos.

Un día sucedió. Johanna Castillo, editora, me llamó y me hizo la misma pregunta que me habían planteado durante años. Allí estaba una joven latina ambiciosa que me pedía que compartiera mi vida con los lectores. Igual que yo, ella no nació en Estados Unidos y, como yo, estaba en constante lucha para alcanzar el éxito. Si mi historia le pudiera llegar a otras latinas como ella, valdría la pena el esfuerzo. Tenía que ser sincera conmigo misma; era muy probable que nunca hubiera un momento ideal para escribir un libro. Como digo a menudo, el mejor momento es éste, porque es el único que tenemos.

Ignoraba cómo empieza un "escritor" a redactar un libro, pero pensé que teclear en mi computadora sería un buen comienzo. Al principio, dudé ser tan sincera como sabía que se necesitaba, pero antes de que pasara mucho tiempo me solté y ya nadie me detuvo. Resulta que todos tenían razón: en mi interior bullía un libro y se volcaba en el teclado; mis dedos tecleaban frenéticamente en un intento por ir a la par de mis pensamientos. Nunca encontré ese gran lapso que imaginé necesitaba para escribir. En cambio, pude aprovechar los minutos escamoteados mientras esperaba la conexión de vuelos, el inicio de una junta y en la mañana, antes de irme al trabajo. Pronto empezaron a acumularse las páginas y me enfrenté a un enorme montón de papeles que —gracias al esfuerzo de muchas personas— se convirtió en el libro encuadernado que tienes en las manos. Para todas esas personas que a través de los años me instaron a escribir la historia de mi vida, hela aquí. Fue un proceso en el cual a menudo sentía que estaba describiendo un sueño.

Sospecho que esto se debe a que estaba capturando un sueño que sólo podía haber germinado en suelo estadounidense. El "sueño americano", alimentado por la búsqueda de la felicidad, es la historia fundamental de este país y mi vida es un reflejo agradecido de su realidad. Vale la pena contar esta historia porque sirve de ejemplo para otros —en particular para los inmigrantes hispanos que ahora son miembros de la minoría de más rápido crecimiento en esta nación. Cuando hace más de 30 años llegué a este país, nunca pude imaginar que un día firmaría su moneda nacional como la cuadragésima tesorera de Estados Unidos. He dicho muchas veces que el hecho de convertirme en tesorera durante la primera administración del presidente George W. Bush habla más de las posibilidades que existen en este país que de mis capacidades. Si mis padres hubiesen decidido emigrar a otra nación, dudo que me hubiera convertido en su tesorera. En 1972, siendo una chica de 14 años, apretujada entre mi madre y mi hermana en un autobús rumbo a Estados Unidos, sólo podía pensar en la familia y los amigos que dejaba en México. Lo que menos me imaginaba era la aventura que me aguardaba a la vuelta del camino.

Creo firmemente que Estados Unidos sigue siendo una tierra de grandes oportunidades. Me da pena saber que algunos de nuestros ciudadanos, muchos de los cuales nacieron aquí, no agradecen las libertades que nos otorgan. Como nación tenemos nuestros problemas, pero los valores fundamentales sobre los que se fundó este país aún lo mantienen fuertemente cohesionado. Cuando escucho esta ingratitud, quisiera poder comprarles boletos de avión para que se enteren de lo que es vivir en otros países y no sólo ir de vacaciones. He tenido la oportunidad de visitar muchas grandes naciones y nunca pensé en abandonar Estados Unidos. ¿En qué otro país hay tal diversidad de ciudadanos que se hablen más de 100 idiomas y personas que procedan de todos los rincones imaginables de la Tierra? Aun cuando podemos hablar muchos idiomas, el que nos une se expresa en términos de esperanza, oportunidad y optimismo. Sé que por cada persona que logró el sueño americano hay varias que no lo hicieron y esto se debe a miles de motivos. Pero creo que la Unión Americana como mínimo brinda las oportunidades para crear una vida que vale la pena vivir y es digna de plasmarse en un libro.

La historia que estás a punto de leer se desarrolla en varios países y hacen su aparición personajes que quiero y que detesto. Está llena de anécdotas, lecciones que aprendí y recuerdos tanto dolorosos como felices. En resumen, está llena del material que integra la vida. Por cada página escrita hubo cinco que no escribí. Pocas vidas caben en los límites de un libro. Tuve que ser sensata al escoger los hechos que les relataría; si me equivoqué en alguna de las decisiones fue por tratar de comunicar los momentos que mejor revelan quién soy. Mi historia comienza con mi secreto muy bien guardado. Aunque este libro dista mucho de ser una confesión, me sinceré, ya fuera para contarles mis temores antes de hacer el amor la primera vez o cómo reaccioné ante la traición política. Les contaré cuando un acontecimiento dividió mi vida en dos, luché contra la depresión, formé mi familia, participé durante años en la política local y llegé a ser la tesorera de Estados Unidos. En la vida no todo está muy arreglado. En mi caso lo político y lo personal suelen coincidir parcialmente y, a causa de mis convicciones, muchas veces son la misma cosa. Tengo la esperanza de que el personaje principal de las páginas siguientes les parezca lo bastante interesante para permanecer con él a medida que revive las buenas y las malas épocas.

Lo que me impulsó todo el tiempo que tardé en escribir el libro no fue la necesidad de contar la historia de mi vida o desnudar mi alma, sino una segunda intención que se manifiesta plenamente en la última sección del libro. Intento llegar a un público más amplio de lo que sería posible al presentarme como oradora o en las interacciones personales. Sí, ustedes me lo aconsejaron. Aunque nunca pretenderé tener todas las respuestas, creo que tengo algo que ofrecer, en particular a las jóvenes latinas e inmigrantes que muchas veces no se atreven a soñar el sueño americano. Siempre les digo que si yo pude hacerlo, ustedes también. Lo que he podido lograr en mi vida no se debe a la suerte, a un amuleto, la belleza o alguna otra cosa a la que suele atribuirse el éxito rápido. Sin embargo, tuve valores que se expresaron en las siete acciones que les relato; éstos han hecho de mi vida algo que me enorgullece compartir. Quienes sean o donde estén en este preciso momento, deben saber que también lo pueden lograr. ¡Sí se puede!

PRIMERA PARTE

La familia

1. Expresión verbal de la oscuridad

Acérquense, necesito contarles un secreto. Para que se entienda plenamente, tengo que llevarlos al año 1963, a la raíz de la oscuridad: un sitio en donde se enconó una de las experiencias más dolorosas de mi vida. Era yo una pequeña de cinco años, llena de vida, que habitaba en la ciudad de México y, como muchos niños, me daba miedo la oscuridad. El anochecer se extendía como un enorme lienzo en el cual pintaba mis inquietantes pensamientos. A mi hermana menor Margarita, que ya dormía profundamente junto a mí, la tocaba suavemente con el codo para que despertara y me acompañara al baño. Rezaba y rezaba para que los temores desaparecieran, pero permanecían como mis constantes compañeros. No le temía a un "coco" indentificable que acechara en las sombras; no, era algo mucho más real que eso. Mientras batallaba para quedarme dormida, lo más probable era que la fuente de mis temores vagara por las calles. Noche tras noche consumía la oscuridad de mi secreto como un frasco de veneno, despertando con un sabor agrio que me picaba la lengua. El sol mañanero jugueteaba en mi rostro, lo cual indicaba el comienzo de otro día de escuela y el dulce olor de lo que mamá cocinaba flotaba por nuestra pequeña casa. El encantamiento se posponía hasta la noche siguiente cuando empezaba de nuevo el círculo vicioso, como un disco muy rayado que sólo yo podía escuchar.

Mi abuela tenía 87 años cuando murió en 1996, nunca conoció el secreto que crecía en el interior de su amada nieta. En ese entonces yo creía que revelarlo hubiera resultado demasiado gravoso; no sólo la aplastaría a ella sino a toda mi familia. Era una cruz que, desafortunadamente, no se aligeró con los años; la arrastré de tal modo que nadie más tuviera que hacerlo. Ahora sé que muchas cruces nunca deben ser la carga de uno solo, en particular no en la oscuridad. Transcurrieron 18 años antes de que reuniera suficiente valor para compartir el secreto por primera vez, rasgando el lienzo de la noche para dejar mi cruz. En ese preciso momento fue cuando comenzó la sanación.

Deshacerse de la cruz

Su hermoso bigote se movía conforme salían de su boca elocuentes palabras. Para mi corazón de 19 años esto no sólo fue amor a primera vista, sino también la certeza de que me casaría con este hombre. Alex no lo sabía, pero había cautivado mi corazón durante la ceremonia de clausura de los Encuentros, un retiro religioso.

Avancemos cuatro años: falta una semana para nuestra boda, un periodo en que yo debería haber sido una chica despreocupada de 23 años, a punto de casarse con su primer amor. La oscuridad que me había atormentado desde la niñez empezaba a cobrar vida en mis sueños. Despertaba en la noche empapada en sudor y sentía que alguien me iba a asfixiar con una almohada. No se trataba del nerviosismo prenupcial, más segura no podía estar. Mi cuerpo me decía que ya no podía soportar el peso que había crecido en mí como un tumor. Si iba a pasar el resto de mi vida con Alex, tenía que encontrar las palabras para compartir mi secreto más oscuro. Era la primera persona a la que se lo diría y en nada habría ayudado ensayarlo. Me asaltaban las dudas sobre cómo manejaría él la noticia; me preocupaba cómo cambiaría yo a sus ojos, sabía que podría perderlo.

Al final terminó como un largo monólogo, interrumpido por sollozos guturales. Respiré profundo y...

"Tenía cinco años. Ya conocía las letras y los números, de modo que mi mamá pudo inscribirme en primer grado diciendo en la escuela que mi acta de nacimiento se había extraviado: dio resultado. En nuestra escuela, los alumnos de primer grado salían una hora más temprano que los demás. Mi mamá no quería que para llegar a casa cruzara la avenida principal, muy transitada, así que la esperaba en el hogar de mi abuela, cerca de ahí. Un día el hermano de mi abuela, un hombre desaliñado, siempre sin rasurar, de casi 50 años, salió del estrecho cuarto que conectaba con la casa y me dijo que mi abuela no estaría por un rato. Lo único que yo sabía respecto a él era que salía temprano por la mañana y regresaba tarde en la noche. De todos modos me dijo que me sentara en sus piernas, pero respondí que no, que esperaría a mi mamá. Insistió, me tomó por el hombro. Y entonces..."

Alex me abrazó, dándose cuenta de lo difícil que me resultaba. Aguardó tranquilamente que prosiguiera.

"Entonces comenzó a tocarme allí abajo y todo lo que pude hacer fue gritar: 'No, no'. Lloré y lloré; no le importó. Algunas veces por la noche todavía sentía su respiración en mi oreja, susurrando que ese era nuestro secreto. Yo estaba confundida, pero cada vez me resistía más. Luego trató de atraerme con chocolates o unos cuantos centavos. Le dije que no los quería. No importaba; me metía mano lentamente de nuevo. Una vez fui al baño y a través de una pequeña grieta de la ventana podía ver sus pies mientras daba vueltas y esperaba. Empecé a inventar cualquier pretexto para que mi mamá me recogiera en la escuela. Luego empecé a quedarme en casa de mi tía, aún más cerca de la escuela. Me parecía que de alguna manera era mi culpa. Me sentía muy avergonzada."

Levanté la vista de mis manos crispadas a los ojos de Alex y me preparé para lo peor. Aunque quizá fueron sólo unos segundos de silencio, parecieron una eternidad. En mi cabeza se agolpaban las grandes preocupaciones que me perturbaban desde nuestro compromiso: "¿Y si yo no era virgen y no quería casarse conmigo?, ¿y si me menospreciaba?, ¿y si se indignaba porque no se lo había dicho antes?, ¿y si se casaba conmigo por lástima, para divorciarse después?" ¡Dios mío!

"Tienes derecho a dejarme, porque tal vez no sea virgen", dije, rompiendo el silencio, al tiempo que intentaba estabilizar mi respiración. Las lágrimas seguían mojando mis mejillas.

Con la delicadeza y cariño propios de su naturaleza, Alex enjugó mis lágrimas tibias y me tranquilizó asegurándome que nada de esto había sido mi culpa. Lamentaba que hubiera tenido que soportar esa carga por tanto tiempo. Me abrazó, me dijo que me amaba por lo que era; algo terrible que me ocurrió cuando era apenas una niña no podía cambiar eso.

Así me di cuenta de que siempre amaría a esta alma noble. Sentí una ligereza indescriptible, casi física, después de compartir mi secreto por primera vez. Fue una de las experiencias más dolorosas de mi vida, pero en última instancia catártica. Me había tomado años reunir la fuerza interna para arrojar luz sobre lo que había creído que se mantendría como una oscuridad reprimida y no expresada hasta el día de mi muerte.

A la semana, el 19 de septiembre de 1981, nos casamos en la iglesia católica de San Matías (nuestra iglesia local) en Huntington Park, California. Fue una hermosa ceremonia que recordaré siempre. Nunca en mi vida me sentí más segura de algo que aquel día. Nada más parecía importar. Pensé en formar una familia con Alex. Aunque él tenía 24 años, supe que sería un padre maravilloso. El futuro resultó lleno de sorpresas, algunas estupendas y otras devastadoras. Sin embargo, en ese momento, rodeada por las personas más importantes en mi vida y del brazo de este hombre maravilloso, no imaginaba que pudiera ser más feliz.

Esa noche y muchas posteriores no consumamos nuestro matrimonio. Todo marchaba sin tropiezos hasta determinado punto en que me ponía demasiado tensa y me era imposible seguir adelante. Ningún grado de paciencia parecía funcionar. No influía el hecho de que tuviera las bendiciones de la familia, la iglesia y el Estado: no podía compartir esta maravillosa experiencia con mi esposo. Pasó un mes, luego otro y otro. Ya habían pasado tres meses y ambos nos sentíamos frustrados y contrariados. Mi esposo sugirió con ternura que consultara al médico, así que hice una cita de inmediato. Éste dijo que físicamente no había ningún problema y me dio un consejo de experto: tomar un par de copas de vino para relajarme. Como es lógico, el vino no surtió el efecto deseado; yo seguía paralizándome. El médico sugirió que consultara a un terapeuta y estuve completamente de acuerdo.

Pronto sería la noche de fin de año, la primera que celebraríamos casados, y yo quería que esa fuera "la" noche. Cuando regresamos a casa, tras empezar 1982, comencé a sollozar incontrolablemente. Le dije a Alex la horrible sensación que tenía por no poder demostrarle cuánto lo amaba.

"Rosario, si todo lo que quisiera tener contigo fuera sexo, no me habría casado contigo", respondió, acomodándome el cabello detrás de la oreja. "Te amo por lo que eres."

Esas palabras quedaron grabadas para siempre en mi corazón; fue como si me deshiciera de algo que llevaba muy dentro de mí. Alex me había validado con palabras amorosas, lisa y llanamente. Mis temores se disiparon como si se hubiera roto un encantamiento. Esa noche me convertí en la esposa de Alex; a pesar de mis preocupaciones, le entregué mi virginidad.

Después de eso, apagué la luz de la recámara. Tuve una sensación de paz cuando me envolví en la otrora atemorizante oscuridad, como si fuese una cobija abrigadora. Dormí más profundamente de lo que había hecho en años.

Ahora es el momento

¿Por qué ahora, a los 48 años, decidí revelar públicamente esa parte privada de mi vida? Quizá porque cuanto más hablemos de tales atrocidades, menos ocurrirán. Tal vez sucede así en la noche, cuando me pregunto cuántos niños y víctimas que ahora son adultos también están despiertos; ellos tendrán un poco más de valor para contarle a alguien sus secretos oscuros. Quizá es un recordatorio para otros de que no importa qué acontecimiento traumatizante hayan tenido que soportar, el tiempo y el apoyo pueden ayudarles a superarlo.

He aceptado que determinadas cicatrices siempre me marcarán y jurado que no volveré a hacer lo indecible por ocultarlas. Eso sería actuar como la verdadera víctima. La sanación requiere tiempo y el amor de las personas que te rodean, en las que puedes confiar. Hasta el momento en que le dije a Alex lo que sucedió, había llevado una doble vida. Decirlo tan sólo a una persona supone una gran diferencia. Lo que más lamento es haberlo ocultado tanto tiempo; pensar que llevé ese peso sobre los hombros durante 19 años ahora me parece incomprensible. Una vez que vencí el temor de revelar mi secreto, se fue volviendo más y más catártico darlo a conocer a las personas. Cada vez que le relato mi experiencia a alguien me siento un poco más ligera.

Esta será la primera vez que la mayor parte de mi familia, amigos y colegas se enterarán de lo que me pasó cuando era niña. Las personas que conozco de toda la vida lo leerán al mismo tiempo que aquellos a quienes nunca conoceré. Muchos quedarán impactados ya que nunca lo sospecharon; lo cual es un testimonio de lo mucho que intenté durante toda mi vida, dar la impresión de ser una persona sin motivos para preocuparse y feliz, en especial cuando era niña.

Todos me han visto siempre como una persona tan fuerte que lo último que quisiera sería decepcionarlos, o ser vista como víctima, aun cuando sea exactamente lo que fui. Nunca quise que me tuvieran lástima. Más tarde entré a la política y no quise arriesgarme a politizar algo tan doloroso. Seguí adelante todo el tiempo que pude, con la cabeza bien alta, esforzándome por nunca mirar atrás y racionalizar mi silencio ininterrumpido.

Mis razones para guardar silencio eran variadas. La vida parecía ser lo bastante difícil para mi familia y descubrir que su hija fue objeto de abuso sexual era lo último que necesitaban. Tenía miedo de que algo malo les ocurriera o que se suscitara algún tipo de escándalo. Deseé la muerte del hombre que abusó de mí muchas veces, y llegó el día en que falleció. El dolor de lo que me hizo siguió vivo, pero me enseñaron a no hablar mal de los muertos. Entonces me convencí de que eso desaparecería. Sucedió hace tanto tiempo que se desvanecería en los lugares más recónditos de la memoria. Cuando menos, predije, el dolor disminuiría.

Ahora sé que esos hechos traumatizantes no se olvidan. Asimismo sé que no es una sola cosa la que ayuda a sanar. Todo comenzó cuando consideré que no tenía que avergonzarme por lo que me sucedió. Existe un mundo de diferencia entre decir que algo no es tu culpa, que no debes avergonzarte, y sentirlo en verdad y seguir de frente. El siguiente paso sería contar mi experiencia para que sirviera de lección a otros. Después de que hablé con Alex sobre lo que aconteció, pasaron otros cuatro años antes de que me animara a contarle a mi mamá lo que me hizo su tío. El silencio que rodea estos tabúes sociales, en particular dentro de la comunidad latina, es absoluto y se apoya en los hombros colectivos de miles de niños y adultos. He conocido a muchas personas que me han contado sus historias y, por desgracia, son variaciones sobre un mismo tema. Casi en todos los casos, un miembro de la familia o alguien cercano a ésta es quien abusa de la confianza de un niño. No hay otra salida; cuando pasa algo así de devastador a edad tan temprana, altera fundamentalmente la manera en que un niño percibe el mundo. Muchas de las marcas son evidentes hasta bien entrada la edad adulta.

No hace mucho conocí a un maestro de voz quien, al escuchar la mía, dijo con tacto que habían abusado sexualmente de mí. Quedé horrorizada, ¿cómo lo supo? Se puso de manifiesto que quienes están capacitados para verlas u oírlas pueden identificar las cicatrices de mi espíritu. Es obvio que no se pierden todas las esperanzas. Millones, como yo, somos prueba de que la adversidad prematura, de cualquier forma, puede ser vencida, pero no deberíamos llevar la carga solos.

Por lo demás, los recuerdos de mi niñez son agradables. El gran amor de mi familia bastó para sobrevivir a las dificultades, comparativamente mundanas, de llegar a ser adulto. Siempre he mencionado los dos regalos que me dieron mis padres: la ética laboral y la fe. La ética laboral de mi padre era ilimitada y la fe de mi mamá siempre le dio esperanza a la familia. Estos dos regalos necesitaban seguir presentes para responder a los retos de nuestro viaje a Estados Unidos.

2. El viaje

Éramos pobres. Por supuesto, como niña no tenía idea de que fuera así. Mis padres nos protegían de muchas maneras dentro de la casa de 28 metros cuadrados, con dos habitaciones, donde vivíamos en la ciudad de México. Los siete (tres hermanos, una hermana, mamá, papá y yo) estábamos, literalmente, muy juntos. Dormíamos en un cuarto donde había tres camas. El segundo cuarto tenía triple uso: hacía las veces de comedor, sala y cocina. Nos asegurábamos de aprovechar al máximo cada metro cuadrado y, al no sobrar espacio, el baño quedaba lógicamente donde cabía: afuera. A las cinco de la mañana la casa parecía cobrar vida, se sacudía a medida que el agua empezaba a bombear por la cañería. Conforme crecíamos, también lo hacía la casa, crujiendo al llegar a su total madurez cuando agregaron una cocina diminuta y un pequeño baño. Las comodidades como el teléfono, el refrigerador y el coche, que ahora doy por hecho, sólo existían en el terreno de la ficción.

Nos contábamos entre los afortunados. Mi abuelo le había regalado a mi papá un terreno para que construyera nuestra morada de dos cuartos, junto con otros dos cuartos aparte que alquilábamos. El salario de mi papá, producto de su trabajo en Byron Jackson (una fábrica de bombas de agua), aunado al dinero de la renta, era suficiente para que viviéramos de semana en semana. Para mi papá esto significaba que, lloviera o relampagueara, salía de casa a las 5:30 de la mañana, seis días a la semana, aunque el sábado trabajaba medio día. Todos los días mi mamá se levantaba antes que él para prepararle el café. Se esforzaban lo más posible por no despertarnos, pero era difícil pues todos dormíamos en el mismo cuarto. Pasara lo que pasara, aunque estuviera enfermo, mi papá se obligaba a ir a trabajar. Era una fórmula realmente sencilla: un día que faltara equivalía a una noche con siete platos vacíos en la mesa.

Mi mamá sacaba el mejor partido de la situación y nunca revelaba cuánto luchábamos en realidad. Sólo alcanzaba el dinero para lo indispensable: comida, agua, electricidad y gas. De vez en cuando comprábamos alguna prenda de vestir, pero en gran parte nuestro guardarropa consistía en prendas heredadas de nuestras tías y de nosotros mismos. Cada uno tenía exactamente dos pares de zapatos, un par elegante para la escuela y la iglesia y el otro para el diario. Nunca necesitamos zapatos para actividades como salir a cenar, pues lo más lejos que íbamos para satisfacer nuestro paladar era con una señora del vecindario que vendía comida afuera de su casa las noches de viernes y sábados. Pero de alguna manera mi mamá se las ingeniaba para que esa salida pareciera una aventura cuya recompensa era un placer casi prohibido. Lo que hacía especiales esas salidas era que mi mamá escogía sólo a uno de sus hijos para que la acompañara al mandado. Cuando era mi turno, me apartaba y susurraba furtivamente: "Como has sido una buena niña te doy a elegir entre pozole, tostada o taco". El primer bocado siempre me transportaba al paraíso de la niñez. La sonrisa de oreja a oreja de mi mamá lo decía todo: le complacía vernos disfrutar la comida que ella no tuvo que preparar. Estoy segura de que recreaba la aventura con cada uno de mis hermanos, pero al llevarnos de uno en uno nos hacía sentir especiales. En retrospectiva, sé que la triste realidad es que no podía dar gusto a todos sus hijos al mismo tiempo. Hoy día, que soy madre, puedo apreciar cabalmente los extremos a los que llegaba para asegurarse de que nos sintiéramos el centro de su universo.

Al pasar el tiempo, me di cuenta de que nuestras aventuras culinarias comenzaron a reducirse y a la larga la ilusión infantil de que nos iba bien empezó a disiparse. Lo que quedó fue una realidad más cruda. Parecía que las paredes de la casa se nos vendrían encima. No había suficiente dinero para hacer las reparaciones necesarias. Mis padres tenían caras más largas; resultaba obvio que era necesario hacer algo para remediar nuestra situación y pronto. Viéndolo de cualquier manera, el salario de mi papá sencillamente no alcanzaba. Mi mamá daba clases de catecismo y llevaba la casa, pero eso no pagaba las cuentas. Mis padres sabían que, aunque tuvieran lo suficiente para salir del paso, el futuro todavía era sombrío. Permanecer en México significaría que no podríamos darnos el lujo de estudiar más allá de la secundaria. Como la mayoría sabía, tendríamos que empezar a trabajar de inmediato. El círculo vicioso del abatimiento financiero continuaría. Nuestra situación era desesperada y, como millones antes que nosotros, decidimos buscar una vida mejor, emprendiendo un viaje que, al menos, nos hacía abrigar la esperanza de una vida mejor.

La búsqueda de la felicidad

Era 1969 y yo una niña de 11 años a la que arrancaron de su papá. Mis padres decidieron que sería mejor que él se marchara primero a Estados Unidos, antes de asumir la responsabilidad de trasladar a toda la familia. Su compadre (amigo cercano), Eusebio Peralta, había estado en la Unión Americana unos años y, después de un corto tiempo, pudo llevarse al resto de su familia. Existía la posibilidad de que mi papá hiciera lo mismo. Viviría con la familia Peralta, quien fue nuestra inquilina en México, y ahorraría dinero suficiente trabajando en una fábrica bordando etiquetas, para luego rentar un lugar espacioso para la familia completa. Unos días antes de la fecha en que mi papá se marchara, noté en su rostro la expresión de emociones encontradas. Si bien le entusiasmaba un nuevo comienzo, el peso de no poder ver a su familia al menos durante un año le resultaba más difícil de sobrellevar al acercarse el día de su partida.

Aun cuando sabíamos que se iba, cuando llegó el día no dejó de ser impactante. Un río constante de personas entraba y salía de la casa para despedirse. En un principio parecía cualquier otra reunión, pero pronto los dos cuartos de nuestra casa parecían estar hasta el tope. Cada persona que llegaba hacía que su inminente partida fuera más concreta. Sabíamos de gente que se había mudado a Estados Unidos, pero nadie en nuestra familia lo había hecho antes, lo cual implicaba cierto grado de riesgo inquietante.

Ese día el centro de atención era mi papá, pero se escuchaba la presencia de mi mamá, quien arrastraba los pies por el piso de concreto. La perfecta anfitriona de siempre se ocupaba en cerciorarse de que los invitados estuvieran atendidos; debió saber que si se detenía mucho tiempo alguien trabaría con ella una conversación que pudiera llevarla a derramar las lágrimas. Sin duda valía la pena hacer ese sacrificio... ¿no es cierto?

Entonces sucedió lo inevitable: era hora de llevar a mi papá a la terminal de autobuses. Algunos pensamientos zumbaban amenazadores en torno a mí: "¿Y si no lo vuelvo a ver?, ¿y si el autobús sufre un accidente?, ¿y si nos olvida?" Sabíamos de algunos hombres que abandonaron a sus familias después de enamorarse de otra mujer en Estados Unidos, olvidándose de su vida anterior como si fuera una pesadilla. Sin duda mi papá nunca podría hacer algo así. Traté de dar con la combinación adecuada de palabras que lo hiciera optar por no irse y que nos mantuviera juntos como familia. Lo abracé lo más fuerte que pude y le dije que lo esperaríamos. Surgió un coro de llanto, con mi mamá como la primera soprano. Desapareció la fuerza con la que nos contuvimos emocionalmente antes; las personas nos miraban y asentían con la cabeza, en señal de complicidad. La disonancia del dolor dejaba en claro que nunca antes habíamos despedido a un ser querido. El motor del autobús rugió, tosió y nos envolvió en la emisión de su escape. El plan era que mi papá nos visitara dentro de un año, que para un niño es como decir que nunca volverás a verlo.

Si bien sabía que se había ido, en cierto modo esperaba ver a mi papá a la mañana siguiente. Mi esperanza era que, tan pronto como arrancara el autobús, se diera cuenta de que mudarse a Estados Unidos era un plan mal concebido. Le tocaría el hombro al chofer del autobús y le pediría que diera media vuelta con la infernal bestia metálica. Esa mañana, el espejo del baño me sorprendió al reflejar un pez globo manchado que tenía un ligero parecido conmigo, prueba de que el llanto del día anterior y su causa eran reales. Los hermanos de mamá, nuestros tíos, dándose cuenta de que podríamos necesitar apoyo emocional durante la ausencia de mi papá, empezaron a visitarnos con más frecuencia. Algunas veces los llamábamos papi, por accidente, y de inmediato corregíamos. Donde había estado mi papá, ahora había un silencio incómodo en torno al cual nos conducíamos con cuidado. Actualmente damos por sentadas las tecnologías que nos mantienen en comunicación; en el México de 1970 nosotros no teníamos teléfono, correo electrónico ni fax. El correo postal era el único medio de contacto con papá; Un nuevo ritual sustituyó la rutina que mi mamá seguía temprano en las mañanas, prepararle el café a mi papá; ahora, se plantaba en frente de la ventana, esperando pacientemente al cartero. La esperanza de recibir noticias de mi papá era lo que nos hacía salir avante. Pronto, como reloj cada dos viernes, esperábamos una carta manuscrita que al desdoblarla dejaba ver un cheque con el cual viviríamos las dos semanas siguientes. Aunque comíamos en abundancia aquellos días, nada podía reemplazar a mi papá. A menudo hablábamos de él, imaginábamos cómo serían sus días y especulábamos sobre nuestro futuro en otro país. Rezábamos para que regresara a salvo. Cada bocado estaba lleno de gratitud hacia mi papá que, aun de lejos, levaba comida a nuestra mesa.

No podíamos negar que financieramente estábamos mejor que cuando mi papá vivía en México. El dinero que ganaba era suficiente para que él viviera en Estados Unidos y para que nosotros tuviéramos un nivel de vida más alto en México. Sin embargo, el costo emocional de la decisión de irse era desgastante para mi mamá, quien se quedó sola a criar cinco hijos, echando de menos profundamente a mi papá.

Su regreso, un año después, quedará siempre grabado en mi memoria. Lo habíamos extrañado mucho y su llegada nos tranquilizó. Como los exploradores de antaño, regresó trayendo riquezas exóticas: mucha ropa, juguetes y un montón de goma de mascar sabor menta marca Wrigley's. Me ofreció un chicle y lo mastiqué durante horas hasta que se convirtió en una masa insípida y me dolía la mandíbula. Con sus ahorros pudimos irnos a nuestras primeras vacaciones familiares. Yo tenía 12 años y, por lo que a mí tocaba, la vida no podía ser mejor.

Le hicimos a nuestro papá infinidad de preguntas sobre su nueva vida. Tristemente, cuando nos dirigíamos a él, nos equivocábamos y le decíamos tío, para tratar de corregir enseguida llamándole papi. Era penoso para todos. Él hacía como que no se daba cuenta, pero sabíamos que nuestros *lapsus linguae* laceraban su rostro como diminutos látigos. Un año separado de un niño en crecimiento equivale a muchos más, como yo también me enteraría más tarde. A pesar de nuestros grandes esfuerzos, se estaba generando un gran distanciamiento entre nosotros. Aun cuando estaba físicamente presente, nunca nos sentimos más distantes de él. Necesitábamos estar de nuevo juntos como familia. Mi papá describía la belleza de California y su sol tranquilizante. Con los pulgares se tocaba el tórax, diciendo: "Soy la evidencia de cuántas oportunidades tendremos si trabajamos con ahínco". Era un hecho. Los planes para mudarnos se pusieron en marcha. Mi papá volvería a México para hacer todo el papeleo necesario para trasladar a la familia. Si todo iba bien, nos reuniríamos en un año.

Pero... ¡espérense!

En la escuela me iba muy bien. De no ser porque papá no vivía conmigo, no podía estar más feliz, rodeada por mis amigos y primos. No podía imaginarme dejarlos. ¿Y qué pasaría con mi abuela? ¿Qué iba a hacer en un país que no era el mío? ¿Cómo aprendería inglés? Las interrogantes me daban dolor de estómago y me dejaban sin aliento. Por supuesto, la doble pregunta diaria subsistía: "¿Y mi fiesta de 15 años?"

Desde la tierna infancia todas las niñas mexicanas sueñan cómo será su fiesta de 15 años y yo no era la excepción. Es un acontecimiento suntuoso que festeja el hecho de que una chica empiece a transformarse en mujer; es parecida a la fiesta de presentación en sociedad de las debutantes. Por mi mente habían pasado hasta los mínimos detalles, tenía todo organizado. Empezaba, como era costumbre, con la serenata de un mariachi frente a mi casa la noche anterior a la celebración. A la mañana siguiente me ponía un hermosísimo vestido blanco largo, me colocaba con sumo cuidado un tocado que hacía juego y tomaba el bello ramo que habían elaborado especialmente para la ocasión. Entonces me dirigía a la iglesia con mis papás, padrinos y miembros de mi séquito, integrado por chicas y chicos escogidos con esmero. Es una bonita ceremonia que termina al depositar el ramo en el altar. Cuando me parecía que el día no podía ser mejor, nos íbamos de prisa a un salón de banquetes para cenar y bailar. Lo más destacado sería el vals que bailaría con mi papá, seguido por su largo brindis. Es muy previsible el rito de paso al que, como niña mexicana, sentía tener derecho. Ya lo tenía resuelto: no iríamos a Estados Unidos sino hasta después de mi fiesta de 15 años.

Desafortunadamente, era apenas una niña y desde luego no era quien dictaba las reglas. Si los hechos seguían conforme a los planes, partiríamos en diciembre de 1972; mi fiesta de 15 años sería en agosto del siguiente año. Se me ocurrieron las posibles soluciones. La mejor consistía en quedarme con mis familiares en México y mis padres vendrían de visita en mi día. Por supuesto los extrañaría, pero valía la pena. Después de mi fiesta podían llevarme a donde quisieran, pero no antes. Estaba decidida a que se hiciera realidad el sueño de mi fiesta de 15 años. Entre tanto, los planes de la partida continuaban sin complicaciones y, secretamente, yo deseaba que sucediera algo que demorara o incluso cancelara nuestro viaje. Los representantes de la compañía donde trabajaba mi papá vinieron a la casa para ayudarnos a llenar los documentos. Fuimos a la Secretaría de Relaciones Exteriores de México para obtener los pasaportes (estoy segura de que no sonreí para esa fotografía) y después a la embajada estadounidense para tramitar las visas. Mi optimismo de quedarnos en México empezó a esfumarse.

Pero luego hubo un débil rayo de esperanza durante una entrevista con la cónsul de Estados Unidos, quien le informó a mi mamá que de ninguna manera podía expedir tarjetas verdes para todos sus hijos, porque mi papá no ganaba lo suficiente para mantener a la familia completa. Mi reacción inmediata fue de entusiasmo, seguida al instante de incredulidad. No tenía sentido. Por todo un año, mi papá había ganado lo suficiente para sostenerse en aquél país y a nosotros en México. Sinceramente, yo pensaba que nadábamos en dinero. Mamá trató de convencer a la cónsul de que nos las arreglaríamos con el salario de papá. Sabíamos cómo hacer que rindiera un dólar. Mi mamá prometió empezar a trabajar tan pronto como pisara suelo estadounidense. La cónsul se mostraba implacable, movía la cabeza como negativa ante cada sugerencia. En respuesta, mamá se retorcía las manos, lloraba y le suplicaba que no separara otra vez a la familia. La cónsul, al parecer conmovida, levantó las manos: "Cuatro tarjetas verdes, es lo que ofrezco, más no puedo hacer". Las tarjetas se distribuirían entre mi madre, mi hermano mayor Fernando, mi hermana pequeña Margarita y yo. Los dos hijos menores, mis hermanos Mariano y Daniel, se quedarían. El plan era que mi mamá, mi hermano y yo ganáramos un ingreso adicional para cumplir los requisitos mínimos para que mis hermanos se reunieran con nosotros lo más pronto posible.

Al llegar a casa puse en marcha mi propio plan, sugiriendo que podía quedarme en México para cuidar a mis hermanos, de 10 y 12 años. Esto le daría tranquilidad a mi mamá y me permitiría celebrar mi fiesta. ¿Podía haber un plan más perfecto? Ella no pensaba lo mismo, no se detuvo ni un segundo a considerar mi plan y coincidía con la cónsul en que lo mejor sería que yo tuviera un trabajo de medio tiempo en Estados Unidos para que la familia se reuniera más pronto. "No olvides que eres mujer, Rosario, y necesitas más protección que tus hermanos", me recordaba a menudo. Ahora que soy madre, puedo imaginarme la fortaleza que necesitó mamá para elegir entre sus hijos. Fue una decisión que ninguna madre debería tener que tomar; claramente, en su interior la aniquilaba. Al acercarse la fecha de la partida hubo cambio de planes: mi hermano mayor se quedaría a cuidar a los dos menores. Intenté ocultar la envidia que tenía a Fernando porque permanecería en México. No quería hacer esto más difícil de lo que ya era para mamá. Al final, viajábamos las tres mujeres de la familia.

Lamentablemente, todo estaba preparado. Finales de diciembre de 1972 era la fecha para partir. Esto nos permitiría empezar el año en un nuevo país y una nueva escuela. Dejaríamos atrás todo lo que habíamos conocido y amado toda la vida. El momento no pudo ser más doloroso. En México celebramos nueve días de posadas antes de Navidad y después, como todo el mundo, festejamos el año nuevo. Estas festividades eran esperadas con ansias a lo largo del año. Yo quería que mamá se fuera sin mí. Lloré, supliqué, empecé a perder la esperanza. Si bien comprendía, mi mamá me aseguraba que tendría nuevos amigos, que valdría la pena cuando comprobara que nuestra vida era mucho mejor. Traté de explicar que no necesitaba una vida mejor, no necesitaba nuevos amigos, no necesitaba ningún cambio. Mi vida era perfecta tal cual. ¿Cómo podría abandonar a mis amigos, primos... y a mi abuela?

Hasta este día aún puedo oír muy claras las palabras que mi abuela me dijo al despedirme: "Dios te bendiga mi niña, confío en que siempre serás una mujer recta y que me harás sentir orgullosa de ti". Ese día tenía los ojos rojos por el llanto y su rostro descompuesto por la angustia: me ordenó que nunca me desviara de nuestros valores familiares y siguiera estudiando, que tuviera éxito y me cerciorara de que este sacrificio no era en vano. Rezó conmigo, pidiendo a la virgen de Guadalupe (la madre simbólica de los mexicanos) que me guiara y me protegiera con su manto sagrado. Mi abuela me dio un fuerte abrazo, me envolvió en su chal para luego quitarlo lentamente y enviarme a un futuro incierto. Lloré a gritos, pero trataba de no pensar en cosas como cuánto tiempo más "estaría" ella con nosotros. Por supuesto, en ese momento no me detuve a pensar lo difícil que era para mi mamá dejar a su propia madre. En el curso de los años las dos habían trabajado en equipo para educarnos. Hicieron una labor tan magnífica que nunca me di cuenta de lo escasos y limitados que eran nuestros recursos. Nos dieron tanto amor y atención que compensaron los bienes materiales de los que carecíamos. Supongo que cuando no adviertes lo que no tienes, no lo echas de menos. Tanto mi abuela como mi mamá nos habían infundido un sentido del destino y esto estaba predeterminado; por doloroso que pareciera tenía que cumplirse.

Luego, como una pesadilla recurrente, estábamos de nuevo en la terminal de autobuses. Esta vez nosotras éramos las viajeras. Resultó aún más difícil que quedarse.

Pienso que eso debió sentir mi papá cuando nos dejó. Ahora la bestia metálica nos llevaba en sus entrañas. A la hora de la salida yo era una zombi emocional; ya no podía llorar, era como si mis lagrimales se hubieran secado y se negaran a expresar mis sentimientos. Todas las lágrimas no cambiarían los hechos; por lo tanto, ¿qué sentido tenía? Mis tres hermanos decían adiós con la mano, mi abuela decía adiós, mis primos decían adiós. Nunca olvidaré la escena de manos agitándose, labios temblando y la sensación de vértigo que se apoderó de mí mientras el autobús se alejaba de la terminal.

Los dos días siguientes del viaje a Tijuana pasaron con una lentitud exasperante. Despertaba, volvía a dormirme y seguíamos en el autobús. La pasaba entre dormida y despierta, pero no me preocupaba por saber si era de día o de noche. Mi hermana y yo hacíamos algunos juegos, pero pronto nos cansábamos de ellos. El tiempo se había detenido, dejándome sola en un abismo, abrumada con mis pensamientos. Me imaginaba las posadas que precedían al año nuevo. Antes de quedarme dormida mi mente siempre se dirigía a la misma escena evocada de la quinceañera, la fiesta de fiestas, aquella que me había resignado a no tener nunca. El ruido incesante del motor de autobús me arrullaba una y otra vez, hasta que desperté a un nuevo panorama.

Todo un mundo nuevo

Mi mamá bostezó fuerte, haciendo que dejara de observar el escenario relampagueante por la ventanilla. El hastío del viaje de dos días era evidente en los rostros de mi mamá y mi hermana. Entonces se me ocurrió: pronto veríamos a mi papá. Había estado tan absorta en la confusión emocional de abandonar México que olvidé que nos reencontraríamos con él.

¡Qué reencuentro! Mi papá nos recibió en la terminal de autobuses de Tijuana y tomados de la mano cruzamos la frontera para subir a un autobús Greyhound que nos conduciría a nuestro nuevo hogar. Me sentía feliz de ver que mi papá estaba sano y salvo (también un poco más llenito).

Me froté los ojos cuando cruzamos la frontera y entramos al *freeway*. El mismo sol que bañó a los gambusinos de California, que cruzaron en los años 1800, nos saludaba a nuestra llegada a ese estado el 22 de diciembre de 1972, apenas dos días antes de Nochebuena. Cuando el autobús se liberó del tránsito de la frontera, nuestro vehículo reflejaba la luz del sol y debe haberse visto como una bala de plata reluciente. Alrededor todo se veía tranquilo, bello y limpio. Los bordes definidos del escenario asomaban con colores luminosos. Mis sentidos volvieron a la vida después de dos días en que casi todo lo que escuché fue el zumbido del motor del autobús y el ruido ocasional de las ruedas al encontrar un bache en el camino. Este era un nuevo país; mis sentidos estaban en alerta máxima. Lo único seguro era que todo sería diferente. La distracción por mi nuevo entorno era un grato cambio después de vivir dos días dentro de los rígidos límites de mi cabeza.

No pude evitar distraerme con lo que vi al abrir la puerta de su apartamento en Huntington Park. Entré a lo que parecía ser un apartamento de lujo construido en un futuro distante. Sin duda esta era la casa de *mi* papá. ¿Cómo podía pagar todo lo que veía a mi alrededor? Ya habría tiempo para hacer preguntas. Mi hermana y yo nos tomamos de la mano y saltamos sobre un sillón. Después de dos días sentadas en el autobús con las piernas dobladas, éstas no se habrían sentido más libres si tuvieran alas. Dejamos a mis padres abrazados, mientras explorábamos un apartamento totalmente amueblado, montado y por completo novedoso. Parecía la escenografía del programa *The Brady Bunch* [La Tribu Brady], ¡que con seguridad podríamos ver en uno de los dos televisores a color! Levanté la bocina del teléfono y escuché el tono de marcar. Debo haberla mantenido así por un tiempo, porque la operadora se puso en la línea y habló en un idioma que no entendí. En la cocina, abrí las llaves del fregadero para lavarme las manos y por poco me quemo con el agua. ¿Cómo era posible si nadie había prendido el calentador? En Estados Unidos descubrí que podíamos abrir cualquier llave y saldría agua caliente a borbotones; por si eso no fuera increíble, ya no necesitábamos comprar tanques de gas para la estufa. Había un refrigerador grande lleno de comida. Abundaban los aparatitos a los que todavía tenía que hacer funcionar. Todo estaba encaminado a que cocinar fuera una tarea fácil, práctica y cómoda. También sentía un ambiente agradable y calientito, aunque afuera hacía un poco de frío. Mi papá, divertido con mi asombro, explicó que la calefacción mantenía el apartamento a buena temperatura, aun en invierno. Lamentablemente imaginaba a mis hermanos y mi abuela abrigados con cobijas en México.

Cuando se acabó la novedad del apartamento, apenas dos días después, celebramos nuestra primera Navidad en California. Fue terrible. Un compañero de trabajo de mi papá nos invitó a su casa a pasar la Nochebuena. Fue una reunión muy pequeña. Conocimos a unos cuantos extraños y tratamos de pasarla lo mejor posible. Allá en casa, la reunión hubiera sido cuando menos de 30 familiares, una verdadera fiesta que antecedía a la misa de gallo. Esa noche yo estaba físicamente en California, pero mi corazón se encontraba en México.

La fiesta de año nuevo estuvo igual de mal; de hecho, peor. Era el cumpleaños número 11 de mi hermano Mariano y no estar en México para celebrarlo con él hizo que la realidad de nuestra nueva vida fuera dolorosamente obvia. Cuando menos, esperaba que él la estuviera pasando mejor que yo en Estados Unidos. Me sentía tan vulnerable, devastada en lo emocional y, por primera vez en mi vida, de repente tímida. Por más que tratara de mantener una actitud abierta, extrañaba México. Me resistía a resignarme pero, al paso del tiempo, llegó en forma clamorosa. No había salida, ésta era mi nueva vida y nada podía hacer para cambiarla. Tenía que aceptar esta nueva realidad para seguir adelante. Sentía una profunda tristeza por haber dejado México, alternando entre el llanto incesante durante el día y amortiguándolo por la noche con una almohada. No quería que mis padres se sintieran culpables. No podían resistir presenciar la angustia que yo experimentaba y, aunque trataba de ocultarlo, mamá sabía que no estaba bien.

Una noche lloraba en silencio cuando mi mamá me quitó la almohada y, secando mis lágrimas, dijo: "No sé exactamente cuándo, pero regresaremos a México para tu fiesta de 15 años. Mi'jita, te prometo que tendrás tu festejo". Intenté decirle que no era necesario, que estaría bien, pero ella siempre me ha leído el pensamiento. Cuando insistió sólo pude sonreír. Se trataba de un enorme sacrificio que requería que mis padres trabajaran tiempo extra para pagar nuestros boletos de viaje redondo a México y, desde luego, la celebración misma.

Esa noche dormí profundamente. Después de que mamá me hiciera esa promesa pude respirar hondo y empezar mi vida en este nuevo país. Los días no parecían atormentarme tanto al saber que, en seis meses, me reencontraría con toda mi familia y amigos. Cada día que pasaba, aumentaban mis expectativas.

Los días de escuela

El choque cultural comenzó con el repiqueteo de la campana de la escuela. Mis padres sabían que la educación en Estados Unidos sería la clave para el éxito de sus hijos. Nuestra educación fue uno de los principales motivos para salir de México y ellos subrayaban la importancia de que se sintieran orgullosos. Si algo podía competir con la incredulidad que experimenté al entrar a nuestro apartamento en Estados Unidos, fue la grandiosidad de mi nueva escuela secundaria; imaginé que sería superior a la anterior y que le daría palmaditas en la cabeza, como si fuera su pequeña prima extranjera. Entré a noveno grado, aunque ya lo había terminado hacía meses en México. En ese momento asignaban al grado basándose sólo en la edad. Como yo tenía 15 años, tenía que asistir al último semestre de *high school*.

Curiosamente, daba la impresión de que en el interior todo fuese gratuito, desde la comida del almuerzo hasta los libros, pasando por los artículos escolares. Me parecía extraño, pero no quería mencionarlo; pensé que podrían hacer que mis padres pagaran por todo. En México sólo eran gratuitos los libros de texto de la escuela primaria; después de eso todo tenía un precio alto. Aquí no sólo daban la comida gratis, sino que también era deliciosa. Todavía después de todos estos años recuerdo el sabor del pastel de café, la pizza y las barras de pescado. Los libros y el papel para escribir eran de la mejor calidad; pocas veces se rasgaba al borrar.

Como no conocía a nadie, me sentía en libertad de absorber todo mi entorno. Y lo que veía me consternaba: un estudiante tras otro hacían fila para tirar la comida que apenas habían tocado. Las cajas de leche con chocolate sin abrir corrían la misma suerte. A veces, después de cometer un error tonto al escribir, hacían bola toda la hoja de papel y la echaban al cesto. ¿Qué clase de país era éste donde los estudiantes tiraban la comida y los artículos que mis padres no podían pagar? ¿Cómo es que mis compañeros podían ser tan desagradecidos? No podía creer lo que veía, pero mis oídos también deben haberme jugado una mala pasada. En más de una clase escuchaba que los alumnos se enfadaban y les contestaban a los maestros. En México a los alumnos nunca se les ocurriría hacer algo tan irrespetuoso, a menos que tuvieran deseos de que los castigaran los maestros y sus padres. Y, ¿cómo vestían? Estaba habituada a ver que los profesores vestían saco y corbata y las profesoras zapatos de tacón alto y maquillaje. ¿Acaso a estas personas no les importaba su presentación? Algunos maestros incluso usaban playera y sandalias. Era obvio que estaba aceptado que los alumnos no se peinaran ni plancharan sus pantalones. Yo había usado uniforme durante los últimos nueve años y no me atrevería a salir de la casa con la ropa arrugada y el cabello despeinado. Como recién llegada, buscaba la seguridad de las normas que parecían no existir. Incluso a las fiestas las personas iban en *jeans*. En mi familia las salidas ameritaban usar falda, saco y corbata. Debido a que en contadas ocasiones asistíamos a una fiesta, mis padres nos vestían elegantes para asistir al cine. En el teatro nos rodeaba una multitud vestida con *jeans* y pantalón corto. Desentonábamos completamente y, para el caso, no sólo en el teatro; todo el país parecía muy informal. Una cosa era segura, ya no estábamos en Kansas, digo, en México.

El punto vulnerable de la vida dentro y fuera de la escuela pronto quedó al descubierto. Mis compañeros de clase menores que yo, la mayoría chicanos de ambos sexos, ya pertenecían a pandillas. Su vestimenta tradicional incluía pantalones caqui o *jeans*, al menos cinco tallas más grandes, playeras blancas con camisas de franela a cuadros por encima (muchas veces arremangadas estratégicamente para mostrar los tatuajes) y marcas de mordidas que formaban collares de moretones. Imagino lo que mi papá hubiera hecho si algún día yo hubiera llegado a casa con algo siquiera parecido a la marca de una mordida. Para no tener problemas, no nos desviábamos del camino. Mi padre era muy capaz de infundirnos miedo describiendo cosas que había visto no sólo en la televisión, sino con sus propios ojos: homicidios de pandillas, drogas, delitos y prostitución. Esas cosas podían existir en México pero nunca las vimos.

Nuestra respuesta era estar muy unidos. La curva de aprendizaje era pronunciada. Al estar en el mismo barco, por así decirlo, nos fortalecíamos como familia. Aunque no fuéramos una familia completa, porque mis hermanos estaban en México, los cuatro sabíamos que podíamos confiar uno en el otro. Aun cuando mi hermanita y yo nos peleáramos, juntas íbamos y veníamos a pie de la escuela, todo lo hacíamos juntas.

La vida empezó a tomar cierta apariencia de rutina. De lunes a viernes los días pasaban volando con las clases, la tarea y la limpieza de la casa. Vivíamos para el fin de semana: los sábados, mi hermana y yo nos asegurábamos de que todo el apartamento quedara impecable y de terminar la tarea antes de que mis padres regresaran de trabajar. Nuestra recompensa: ¡comer en un restaurante! Los domingos eran aún mejores. El único día que mis papás no trabajaban empezaba con la caminata de un kilómetro y medio para tomar un autobús que, al cabo de 30 minutos, nos dejaba en el centro de Los Ángeles. Ya allí asistíamos a la misa en español celebrada en La Placita Olvera. Era reconfortante terminar la semana con una misa hablada en español, después de estar bombardeados todos los días por el inglés. También descubrí que podía conectarme con el mismo Dios al que le rezaba en México. En esa época pedía muchas cosas en mis plegarias, pero sobre todo el reencuentro a salvo con nuestra familia.

Después de salir en fila de la iglesia, nos dirigíamos a Clifton's Cafeteria y la boca se nos hacía agua. La primera vez que comimos allí me quedé boquiabierta de la impresión. Nunca había estado en un restaurante donde sirvieran buffet. Los alimentos eran interminables y tentadores. Mi paladar no tendría reposo hasta probar toda la comida posible. "No hay problema, Rosario. Come todo lo que quieras", dijo mi papá, divertido con mi incredulidad. "Estos norteamericanos en verdad saben cómo comer", pensé. Decidida a que los dólares de mi familia rindieran lo más posible, llené completamente mi plato. Los brazos me temblaban con el peso de la charola. Me subía las mangas, miraba al frente y veía que papá tenía nada más una pechuga de pollo al centro de su plato. Era el caso típico en que mis ojos tenían un apetito más voraz que mi estómago. No pude terminar la comida y le pedí ayuda a mi papá porque no me agradaba tirarla a la basura. Papá también ayudó a mi hermana con su plato sobrecargado. Ya satisfecha, me froté el estómago y lo miré fijamente como una gran bola de cristal que mostraba el pasado, cuando me invadía un entusiasmo electrizante al saber que me tocaba el turno de visitar a la señora del vecindario que vendía pozole, tostadas y tacos fuera de su casa. Con qué rapidez podía cambiar la vida.

Pero luego hubo momentos en que estábamos a punto de comenzar a comer y se hacía un extraño silencio, amplificándose el tintineo de los cubiertos. Mamá vacilaba y después de unos cuantos bocados empezaba a llorar, porque se le hacían nudos en la garganta. Esto sucedía con cierta frecuencia, tanto en la casa como en los restaurantes. "¿Cómo puedo estar aquí sentada comiendo cuando tus hermanos quizá pasan hambre?", nos preguntaba. Desde luego, siempre era difícil comer después de eso; lenta y tímidamente nos llevábamos la comida a la boca.

La comunicación con mis hermanos en México era tan lenta como las palomas mensajeras y tan inútil como las señales de humo. La paciencia y la planeación requeridas parecen inimaginables en el mundo actual, conectado electrónicamente. En la década de 1970 no había teléfonos celulares ni correo electrónico. Si queríamos mantenernos en contacto teníamos que ponernos a escribir. Era frecuente que nuestras cartas tardaran por lo menos dos semanas en llegar a México. Si queríamos hablar con mis hermanos teníamos que especificar la fecha, la hora y el número telefónico al que hablaríamos. Esto se requería porque la larga distancia internacional era absurdamente cara y mi familia ni siquiera tenía teléfono en México. Para mayor seguridad, mandábamos las cartas por lo menos tres semanas antes de la fecha señalada para llamar. No era poco común que las cartas llegaran después de lo habitual. Por no decir más, la comunicación con mis hermanos era muy limitada.

Mi mamá encontraba cierto consuelo al saber que vería a sus hijos en unos meses, cuando regresáramos para mi fiesta de 15 años. Mirándolo ahora, me pregunto cómo soportaba no ver a sus hijos durante meses. Cuando observaba las arrugas en el rostro de mamá veía indicios de su tristeza latente, signos de que el sufrimiento y su condición de madre iban entrelazados. Nuestro optimismo crecía al acercarse el día de nuestro regreso a México. Teníamos muchas ganas de ver otra vez a mis hermanos y a mi abuela.

El gran día

Viendo hacia atrás, me doy cuenta de lo sencilla que fue mi fiesta de 15 años y cuánto me basé en mi imaginación para llenar los huecos y crear un día que luciera y se sintiera exactamente según lo había ensayado como en sueños a los ojos de la mente. Mi vestido, muy chico en algunos puntos y apretado en otros, provino de una barata en Lerner's. Estoy segura de que a mis papás se les acabó el dinero, porque en lugar de un ramo de flores frescas llevé un arreglo de flores de plástico envuelto a la carrera en una servilleta de la pastelería. No podía haber estado más feliz. El vestido bien podría haberlo diseñado Gucci y el ramo consistir en un caleidoscopio de flores exóticas. Este era *mi* vestido, *mi* ramo, *mi* fiesta, *mi* día y, ¡yo podía sonreír si quería! Estuve radiante durante la lluvia inagotable de ese día. Por suerte, el cielo aclaró a tiempo para la misa de las seis de la tarde y para la recepción, plétorica de comida y baile. Fue una noche inolvidable para mí: bailé y giré con los invitados hasta agotarme. En mi cara se dibujaba una sonrisa permanente. Sentía una gratitud incontenible hacia mis padres por asegurarse de que yo experimentara este rito de paso. Me hicieron sentir como Cenicienta; estaba decidida a demostrarles cuánto se los agradecía, haciendo honor a sus sacrificios. Después de mi fiesta, sentí como si tuviera que colocar en su lugar la pieza que faltaba en el rompecabezas y entonces poder volver a Estados Unidos con la misión cumplida.

De vuelta a la escuela

Sabía que la mejor manera de corresponder a mis padres por el viaje a México era sobresalir en la escuela. En ese momento, todos los alumnos que ingresaban a décimo grado tenían que pasar una prueba para determinar su cociente intelectual. El IQ promedio era de 100 puntos; mi puntuación, encerrada en un círculo rojo, fue 27, un número que nunca olvidaré pues el maestro lo puso en mi escritorio dando un golpe con su dedo regordete. La cuestión quedó clarísima con una risita burlona. Los alumnos interpretaron esto como el visto bueno para también reírse de mí. El salón se llenó con el eco de las risas. A mí no me divertía. Lo sorprendente es que no respondí con rabia ni con tristeza. Sabía que lo único que la prueba confirmaba era que no sabía el idioma en que estaba escrita. El mensaje fue claro: necesitaba aprender inglés y rápido. Ese salón lleno de risas fue precisamente lo que utilicé para avivar mis esfuerzos. Sabía que era más inteligente de lo que la prueba de IQ hizo creer a todos. Emprendí un régimen de medios en inglés que consistía en leer a diario los periódicos, escuchar la radio y ver los noticiarios. En un principio no tenía idea de lo que decían los conductores y, para el caso, los periódicos podían estar escritos en Braille. Sin embargo, lentamente, con ayuda de las fotos y los videos, empecé a entender cada vez más. Para comprobar mi comprensión, sintonizaba el canal 34 (el único en español) y veía que cada día captaba más información. Mi avance era lento, pero seguro.

En la escuela dupliqué y tripliqué mis esfuerzos. Me esmeraba en hacer todas las tareas y los trabajos que representaban créditos extra. Todos esos esfuerzos culminaron al graduarme de *high school* (preparatoria) con honores. Si bien era la confirmación oficial de la escuela por mi empeño, no se comparaba con el triunfo alcanzado el día que un alumno estadounidense de nacimiento me preguntó cómo escribir la palabra *beautiful* (bello). En la parte inferior de mi diploma había una estrella dorada como reconocimiento a mis buenas calificaciones y el Club Rotario local me obsequió un bono del ahorro de 50 dólares por la asistencia perfecta. Nunca pensé en faltar a la escuela, aunque me sintiera un poco enferma. Crecí viendo a mi papá levantarse todos los días antes del amanecer para ir a trabajar. Tal vez mi asistencia constante estuvo motivada más por el miedo que por la determinación. Estaba convencida de que el día que me ausentara el maestro daría información fundamental que necesitaría en un examen.

Entretanto, mi hermano mayor se había reunido con la familia en Estados Unidos, junto con mis dos hermanos menores, y pudo graduarse con la generación de 1976 al mismo tiempo que yo. Mis padres estaban de lo más orgullosos porque sus dos hijos mayores estaban en camino de alcanzar el sueño americano. Ya habíamos completado el doble de instrucción que nuestros padres al graduarnos de *high school*. Con sólo la educación primaria, ellos pensaban que su labor con nosotros había concluido y que, de allí en adelante, podríamos triunfar aquí. Nunca olvidaré el sonido de la voz de mi papá, temblorosa de orgullo, en la banda sonora del video de nuestra graduación. Más que nada estaba orgulloso de sí mismo; después de todo, tomaba como propios los logros de sus hijos.

Dada nuestra situación económica, al graduarme la familia decidió que yo consiguiera un trabajo de tiempo completo, mientras mi hermano asistía a la universidad tiempo completo. Mi hermanita Nancy había nacido dos años antes y a mis padres les resultaba difícil cuidarla trabajando todo el día. Si yo trabajaba mi mamá podría quedarse en casa y cuidar a la pequeña mientras se ocupaba del hogar. Sé lo que están pensando: *¡qué injusto!* En ese entonces no me pareció así. Eran los años setenta y me había criado en una familia mexicana católica de inmigrantes. No me hubiera atrevido a mencionar a mis padres el tema de la igualdad de derechos. Sí, había un doble rasero, pero así era. El principio rector más importante era sencillo: "Formas parte de esta familia, así que contribuirás como se necesite para su supervivencia. No hagas preguntas. Ah, y no olvides sonreír". En verdad, no había problema. Me sentía feliz de hacer lo que me tocaba por la familia. La lógica de mis padres era que, como mujer, una vez que me casara me iban a mantener. La conclusión era obvia: no necesitaba educación superior, ya que un hombre me mantendría. Por otra parte, a mi hermano le correspondía el papel contrario y su deber sería la manutención de su mujer e hijos futuros.

Yo tenía un plan. Durante los veranos me había dedicado a trabajar para la ciudad de Huntington Park en un programa federal llamado Comprehensive Employment and Training Act (Ley Integral de Empleo y Capacitación), que ofrecía trabajos remunerados a los estudiantes de *high school*. Aprendí desde adentro cómo funcionaba la ciudad al trabajar en sus diversos departamentos: edificación, planeación y la oficina del administrador municipal. Comúnmente, el programa de CETA era sólo para alumnos de *high school* en dos veranos y, una vez que se graduaran, ya no tenían derecho a ello. Los dos años trabajé allí y forjé la fama de ser trabajadora, puntual y confiable. Había una secretaria de nombre Moanne a quien le simpaticé y convenció a la administración municipal de que hicieran una excepción y me permitieran trabajar para ellos porque aún no cumplía 18 años. Después de las deliberaciones, pude trabajar un verano más después de graduarme. Al llegar el otoño el señor Fogel, gerente de personal del municipio, me ayudó con mi primer empleo. Me puso por las nubes con los gerentes de Barth & Dreyfus, una compañía de toallas en Vernon, Los Ángeles. A las pocas semanas, trabajaba en el departamento de envíos.

Empecé a ganar lo suficiente para que mi madre dejara su empleo y se quedara en la casa con mi hermanita. Decidí que, además de trabajar tiempo completo, iría a clases en East Los Angeles College (ELAC). Me resultaba increíble que, después de unos cuantos años en Estados Unidos, cursaría la educación superior. Los cuatro años que asistí creo que mamá no dejó de preocuparse por mi seguridad. Podía oír sus quejas lastimeras: "¿Y si se descompone tu coche? O lo que es peor, ¿si alguien te ataca en el estacionamiento? Y si, y si..." Todavía no existían los celulares que sirvieran para tranquilizar a las madres. Sabía que ella no podría dormir hasta mi llegada; por lo tanto, me daba prisa en volver a casa después de clases, llegando por lo regular alrededor de las 10 y media de la noche. Hacía todo lo posible por no retrasarme, porque entonces ella estaría preocupadísima.

Sólo se retiraba de su lugar en la ventana cuando veía los faros de mi Ford Maverick asomar por la esquina; entonces se encaminaba a la cocina para calentar mi cena, dibujándose su silueta tras de sí.

Trabajé en Barth & Dreyfus un par de años antes de emplearme como secretaria en una compañía de banca hipotecaria. Después de unos meses, ávida de progresar en la compañía, pregunté a mi jefe qué clases debería tomar que me ayudaran a subir en el escalafón. Lo pensó un breve momento y sugirió que tomara clases de taquigrafía y secretariales. Cuando insinúe sutilmente que quería ser más que una secretaria, quedó claro que no importaba cuánto me esforzara, siempre me vería como secretaria. Me fui después de trabajar allí apenas unos meses.

Mientras tanto, mi hermana Margarita había estado trabajando en Getty Oil. En el mismo edificio estaba el departamento de contabilidad fiduciaria de Union Bank. Una de sus amistades conocía a una mujer del banco y supo que buscaban a una persona que pudiera teclear rápido los números. Solicité el puesto y lo conseguí en ese mismo momento. Terminé trabajando en ese departamento más o menos un año y medio cuando, como caída del cielo, recibí la llamada de una *headhunter* (buscadora de talentos). Me preguntó si me interesaba solicitar el puesto de recepcionista en el City National Bank. Tenía que analizar muchas cosas: aunque bajaría un peldaño por el puesto, lo subiría en materia de sueldo. Además, la *headhunter* me aseguró que, si tenía un buen desempeño, me beneficiaría la política que el banco tenía para ascender a sus empleados. En mis dos trabajos anteriores era grave la carencia de oportunidades para progresar y sabía que, si se presentaba la posibilidad, ascendería. Aunque tendría que poner mucho empeño para demostrar mi valía, decidí aceptar el puesto.

Qué tanto bajé, quedó clarísimo durante uno de mis primeros días en el trabajo. Otra recepcionista que se sentaba junto a mí y me había entrenado no aparecía por ningún lado. La cantidad de llamadas que entraban era tal que se requerían dos recepcionistas, en escritorios contiguos. El teléfono sonaba, después de dudar lo contesté y empecé a tomar el mensaje. La persona que llamaba preguntó cuál era mi nombre y mi puesto. Le dije mi nombre y que era la recepcionista. Mi colega tocó mi hombro indignada y exclamó: "¡No, en realidad *yo* soy la recepcionista!" Me disculpé con aquella persona y corregí: "Disculpe señor, soy asistente de la recepcionista". He atesorado ese recuerdo porque me da una clara idea de dónde comencé.

A pesar de este duro comienzo, aceptar el empleo en el banco fue la mejor decisión que pude tomar. La *headhunter* tenía razón: yo me esforcé y, a su vez, ellos me ascendieron casi cada seis meses. Seguí asistiendo a clases por la noche y la gerencia admiraba mi determinación de superarme. Mi mamá podía percibir los efectos que tenía en mí trabajar tanto en el banco como en la escuela. Un día me tomó por la barbilla, vio mis ojeras y preguntó inocentemente: "Ay mi'jita, ¿pa' que vas a la escuela si ya eres secretaria en un banco... y en Beverly Hills?" Mi mamá no entendía a qué venía tanto alboroto. Traté de recordar que ella sólo había estudiado la primaria. Desde su óptica, yo ya había llegado a la meta, había logrado más de lo que jamás imaginó para sí misma.

Presumía a los amigos y a la familia que yo trabajaba en el elegante Beverly Hills. Fue cuando me di cuenta de que yo no buscaba la aprobación de mis padres o de los gerentes. No, quería demostrarle a un crítico mucho más severo que yo tenía lo que se requería. Me guiaba una sed de triunfo que sencillamente no tendría sosiego. Abracé a mi mamá y le dije que, aunque me gustaba ser secretaria por ahora, la única manera de seguir en ascenso era obtener un título superior. Ella pensaba que cuando terminara el curso de dos años en ELAC, acabaría mi educación. Me tomó cuatro largos años lograrlo, pero estaba lejos de terminar. Cuando le comuniqué que necesitaba ir a la universidad puso los ojos en blanco.

Nunca miré hacia atrás, me limité a seguir avanzando. Ni siquiera le encontré sentido a asistir a la ceremonia de graduación de ELAC. En el verano me trasladé a la Universidad del Estado de California, en Los Ángeles. Tardaría tres años más en terminar. Siete años después de *high school*, me gradué con licenciatura (B.S.) en Administración de Empresas y Mercadotecnia en *Cal State*. Una vez más no asistí a la ceremonia de graduación, porque no veía motivo para celebrar. Obtener la maestría, eso merecería una celebración.

Cuando dejé el banco seis años después, en 1986, estaba a punto de tener una vez más el adjetivo asistente o "adjunto" en el nombre de mi puesto, pero esta vez hubiera sido vicepresidenta adjunta. Sin embargo mi ascenso, ganado con tanto esfuerzo, no ocurriría. Resultó que mis días de largas horas de trabajo en el banco, aunados a las clases nocturnas, palidecerían en comparación con los retos de la maternidad.

3. La vida antes de Eric y después de Eric (a.E. y d.E.)

En 1985, antes de dejar mi empleo en el banco, mi esposo Alex y yo estábamos eufóricos con nuestra inminente paternidad. Todo estaba listo para dar la bienvenida a Eric a nuestro hogar. ¿La recámara del bebé decorada en azul? Listo. ¿Las pilas de ropa de bebé suave y esponjosa, bien doblada? Listas. ¿La maleta para llevar al hospital ya empacada desde dos semanas atrás? Lista. Todo marchaba conforme a los planes. La vida iba muy bien. Mi familia aguardaba con expectación.

Resulta que septiembre es un mes ajetreado en las salas de partos de los hospitales; como era una madre con bajo riesgo, se decidió que diera a luz a Eric en un hospital un poco más lejano, en Downey. Cuando empezaron las contracciones llamamos al hospital y a mi familia. ¡Mi bebé estaba a punto de nacer! Por fin, el ser precioso que llevé en el vientre durante nueve meses se dejaría ver en toda su perfección.

Cuando llegamos al hospital, me colocaron de inmediato en una sala de examen preliminar. Con las rodillas apoyadas y las piernas completamente separadas, la jefa de enfermeras empezó a examinar el cuello del útero para calcular cuánto tardaría el trabajo de parto. A la mitad del examen la enfermera se enderezó, puso ojos de azoro y se dirigió a la pared, con los brazos abiertos como si se alistara para volar. Oprimió un botón rojo como lo hiciera una persona impaciente que va a tomar el elevador. En ese momento sentí que mi cuerpo había quedado flotando en la sala. Veía que la escena se desarrollaba abajo, arremolinándose en torno mío como sacada de un programa televisivo con tema médico. Se presentó un ejército de seis personas del hospital y se ocuparon en sus respectivos papeles; me pusieron una máscara de oxígeno y bajaron de golpe la parte superior de la cama.

"¡El bebé no está recibiendo suficiente oxígeno!", dijo la enfermera. "No escucho los latidos. ¡Rápido, llamen a un doctor!"

Llegó el doctor e hizo preguntas rápidas. Luego agregó con ecuanimidad: "Muy bien, prepárenla para una cesárea".

"Saquen al bebé. No se preocupen por mí. ¡No dejen que le pase algo!", repetí como mantra para la angustia. El doctor me pidió que respirara hondo.

Momentos después, escuché el primer llanto de liberación de mi bebé. Gracias a Dios. Respiré profundo y sentí como una pedrada; la anestesia epidural me había agotado. Abrí el ojo derecho con la fuerza que me quedaba, en un intento por alcanzar a ver a mi precioso Eric, quien era limpiado por la masa apiñada que lo rodeaba.

"Voy a vomitar", dije en voz baja antes de que mis párpados bajaran como telón de teatro.

Por suerte no vomité, aunque no podía moverme después de recobrar el conocimiento.

"Quiero ver a mi bebé", fueron las primeras palabras que salieron de mi boca. La enfermera pidió que esperara un momento mientras llamaba al pediatra.

"Mi bebé, por favor", repetí cuando el pediatra entró al cuarto.

El pediatra apoyó en su cadera la tabla con sujetapapeles. "Eso no será posible, señora Marín". Con el dedo recorrió la historia clínica. "Lo siento, pero el estado de Eric es crítico y lo vamos a trasladar a la unidad de cuidados intensivos neonatales (UCIN) en otro hospital."

"¿Qué pasa? ¿Se va a recuperar?"

"No estaremos seguros de nada hasta hacer algunas pruebas", dijo. "Nada es concluyente."

El doctor que recibió a mi bebé interrumpió al pediatra y, tal vez porque advirtió la angustia en mi cara, me prometió que podría ver a Eric antes de que lo trasladaran a la unidad de cuidados intensivos neonatales en el hospital Kaiser Permanente. Yo estaba desesperada por ver a mi niño. Mientras el pediatra seguía haciendo una pregunta tras otra, lo único en que podía pensar era en abrazar a mi primogénito.

"¿Alguien de su familia tiene rasgos asiáticos, señora Marín?"

"Bueno, a mi padre a veces le preguntan si es filipino." Pensé en lo orgulloso que se sentiría mi papá si el bebé se pareciera a él.

El pediatra comenzó a detallar algunas de las características físicas de Eric, que no parecían asemejarse a nadie de mi familia. Luego preguntó: "¿Alguien de su familia padece retraso mental?"

Me sentí desfallecer. *¿Qué clase de pregunta es ésa? ¿Es una broma? ¿Por qué no puedo ver a mi bebé?*

"¿Ha oído hablar del síndrome de Down?"

¿Se está dirigiendo a mí? El labio inferior me dolía por los dientes que le encajaba.

"Tengo una prima con síndrome de Down. Somos casi de la misma edad", dije. "Espere, ¿insinúa que *mi* hijo podría tener *eso*?"

Una enfermera interrumpió para informarnos que una ambulancia esperaba afuera para trasladar a Eric. Como lo había prometido el doctor, trajeron a Eric a mi cuarto. Traté de levantar completamente la cabeza para verlo bien, pero fue difícil. Eric estaba dentro de una incubadora, con una maraña de tubos adheridos a su cuerpo de dos kilos 800 gramos. Con la fuerza restante, extendí el brazo y toqué ligeramente la incubadora, como si fuera una pecera. Lloré, ni siquiera podría abrazar a mi hijo. Le prometí a mi bebé que pronto estaría con él.

"¿Cree que Eric tenga el síndrome de Down?", pregunté al obstetra, con el deseo de arrancar la semilla de la duda que sembró el primer pediatra.

El doctor me dio una palmada en el hombro y me miró con expresión desconcertada. "En verdad no sé, porque esos niños suelen estar aletargados y en el caso de Eric es todo lo contrario."

Esas palabras me dieron esperanza. Se llevaron a Eric. Cuando quedé sola en el cuarto de hospital, las ideas se agolparon en mi cabeza. Las semillas de la duda germinaban en los recovecos más oscuros de mi cerebro. Ya no podía soportarlo. Llamé por teléfono a mi mamá. Aunque ella había estado en el hospital durante el parto, se fue con todos después de que nació Eric. La puse al corriente y le mencioné las preguntas que me había hecho el pediatra. Le dije que sentía mucho dolor como para ponerme a explicarle todo. Colgué cuando contestó que se pondría en camino.

Ya había escuchado la expresión estadounidense de "estar en una montaña rusa emocional", pero no sabía el significado exacto. Después de esperar cuatro largos días los resultados de las pruebas genéticas de Eric, comencé a pensar que ojalá nunca hubiera oído ese cliché que de alguna manera englobaba precisamente la etapa por la que estaba atravesando. Me sentía feliz de que Eric estuviera vivo, pero me preocupaba su capacidad para salir adelante. Estaba rodeada de familiares y, no obstante, a menudo me sentía sola. Había mucho silencio entre Alex mi esposo y yo, pues nos resistíamos a hablar de todas las suposiciones. Nos tomamos de la mano y rezamos para que los resultados de las pruebas genéticas dieran negativo para el síndrome de Down. Ambos experimentábamos sentimientos parecidos, pero nos preocupaba qué sucedería si lo reconocíamos en voz alta al conversar. También él se sentía culpable, le preocupaba no poder aceptar plenamente a Eric si estaba afectado por ese síndrome. Por supuesto, pensábamos que, sin importar el resultado, Eric tenía el mismo derecho que todos de estar en el mundo. Desafortunadamente, yo estuve en cama los cinco primeros días de la vida de Eric, pero Alex lo visitaba todos los días en la unidad de cuidados intensivos. Nos propusimos abrazar a Eric lo más posible. Alex después me confesó que estaba más preocupado de lo que decía y tuvo varias conversaciones con los parientes, para asegurarse de que aceptarían a Eric si de hecho tenía el síndrome de Down. Yo también buscaba que me tranquilizaran. Observaba las caras de los médicos en busca de indicios sobre el estado de mi hijo; mis emociones cambiaban al notar el más mínimo movimiento en sus músculos faciales. Quería respuestas, pero tenía terror de hacer las preguntas. Imagínense estar en la montaña rusa más espantosa a la que hayan subido. Ahora piensen cómo sería estar amarrado a ella cuatro días consecutivos. Aún siento los vaivenes de subir al punto más alto y descender al más bajo, pero estaba petrificada casi por completo: pronta para bajarme de ese juego infernal.

La noche anterior a que estuvieran listos los resultados de las pruebas genéticas, la montaña rusa empezó a sacudirse violentamente. En los últimos días mi familia había estado a mi lado, esforzándose por distraerme de mis preocupaciones. Fingíamos que la comida del hospital estaba sabrosa, revivíamos recuerdos del ayer e incluso hacíamos alguna broma aislada. Estábamos comiendo nuestra última cena en el hospital y hablábamos de cualquier cosa que no fueran los resultados que entregarían al día siguiente. Yo sentía una especie de paz al estar rodeada por mis seres queridos. Con su apoyo, mi esposo y yo podríamos manejar esos resultados. La montaña rusa empezaba a subir con nuestra esperanza compartida.

Fue entonces que una pediatra entró a toda prisa: "¿Ya les dijeron que su hijo tiene síndrome de Down?"

Después de una larga pausa, mi esposo fue el primero en hablar. "No, estamos esperando que lleguen los resultados."

"No necesito que las pruebas genéticas me indiquen que su hijo tiene el síndrome de Down. Les apuesto que sí."

Con la falta de tacto de esta doctora para tratar a los pacientes, la montaña rusa emocional hizo su descenso final para chocar con un muro. Sentí que mi mundo se desmoronaba. En una fracción de segundo nos había despojado de la esperanza que nos hacía seguir adelante. Todas nuestras plegarias no encontraron respuesta. Nunca encontraré las palabras para describir el mar de sentimientos donde me estaba ahogando en ese momento.

Le dijimos a la pediatra que se fuera; ya habíamos escuchado suficiente.

Su diagnóstico del síndrome de Down quedó confirmado al día siguiente.

Las ideas se agolparon en mi cabeza. ¿Qué haríamos? ¿Por qué a mí? ¿Por qué a nosotros? ¿Qué hicimos para merecer tal castigo? ¿Cómo podría yo dar la cara? La tristeza dio paso a la ira. ¿Era éste mi premio por ser buena hija, hermana, esposa y trabajadora? Sin duda nadie merecía esto. Me apenaba decir que hasta después de esta reacción inicial fue cuando pensé en Eric. Me sentía humillada y asustada por las nuevas preguntas que vinieron a mi mente. ¿Qué pasaría con Eric? ¿Qué clase de vida llevaría? ¿Tendría un futuro? Perdí todo control de mis pensamientos cuando cayeron en un abismo lúgubre. ¿Qué le pasaría a Eric si yo muriera? Luego, de repente, mi propia mortalidad me veía a la cara: un día moriré y lo más probable, antes que él. ¡Dios mío! Tal vez sería mejor que él no sobreviviera. Estaba tan enfermo que quizá era el plan de Dios que pasara a mejor vida. Podía decir a todos que mi bebé nació muerto. Nunca tendría que avergonzarme de su retraso mental. Nunca tendría que explicar su padecimiento. Incluso me imaginé vestida de luto para su funeral.

Después sentí el dolor de la culpa. ¿Qué clase de madre era yo para tener estos pensamientos? Cuando la mente se detuvo entró en acción mi corazón. Después de todo, éste era *mi* bebé; lo había llevado en las entrañas durante nueve meses. Su vida, su supervivencia, su felicidad dependían en gran medida de nosotros, sus padres. Había desarrollado una relación amorosa con su pequeño ser mucho antes de que él decidiera que era hora de mostrarse al mundo. Había esperado con ansia su llegada y ahora estaba aquí. Se veía tan tranquilo y bello cuando se lo llevaron. No vi el síndrome de Down cuando miré su frágil cuerpo. Miré a un bebé, un bebé mío. Me debatía entre las dos emociones extremas (y en apariencia contradictorias) de amor y rechazo.

Por suerte llegó la ayuda en la persona de Elise Sandiford, una gran amiga nuestra y la única persona externa a la familia que yo permitía me visitara en el hospital. Como profesora de educación especial, Elise pudo ayudarme a ver mis sentimientos en forma objetiva. Sin erigirse como juez, tomó mi mano y describió en detalle lo que yo estaba atravesando.

"Experimentas un proceso de duelo natural: lloras por el bebé 'perfecto' que preveías, mientras aprendes cómo acoger a Eric en tu vida."

Respiré hondo. Tal vez no debería estar avergonzada de lo que sentía.

"Cualquier sentimiento que abrigues no sólo está bien, sino que es natural y humano."

Siempre estaré en deuda con Elise por sus oportunas palabras. Validó mis emociones y dijo que Eric podría llevar una vida fructífera. Me explicó que, con atención médica adecuada y educación, los niños que presentan discapacidades pueden ser miembros productivos de la sociedad. Me trajo un par de libros sobre el síndrome de Down y nos proporcionó otros recursos. Con el tiempo, empezó a parecer algo manejable.

Eric permaneció dos semanas en el hospital, en la unidad de cuidados intensivos neonatales. Todos los días llegábamos lo más temprano que podíamos (puntualmente a las siete de la mañana) y nos quedábamos hasta que nos sacaban, a las 10 y media de la noche. En la UCIN había mucho trajín a todas horas; desde luego, no era un lugar tranquilo, rodeado de los pitidos de las máquinas y el inconfundible olor a hospital. A menudo tomaba dos horas alimentar a Eric porque tenía que aprender a succionar. También necesitábamos que se habituara a la rutina: alimentarlo, cambiarlo, alimentarlo, cambiarlo, bañarlo y acostarlo a dormir. Ah, y cuando podíamos intercalábamos nuestras comidas.

Un día falleció un bebé. Fue doloroso darnos cuenta de que en cualquier momento podría ocurrirle a nuestro hijo. Se apoderó de mí un sentimiento macabro e inquietante de cómo se simplificaría la vida si hubiera fallecido mi hijo. Acallaba esos pensamientos lo más posible. Encontraba paz en las horas que pasaba observando a Eric, estudiando todos sus ligeros movimientos. Con el tiempo dejé de advertir las características físicas del síndrome de Down. Encontraba perfecto a Eric y estaba henchida de orgullo maternal.

La ansiosa concientización

Exploté. Abrumada por el dolor y las lágrimas, impulsivamente empecé a correr en círculos frenéticos como un animal herido y desorientado. Grité con todas mis fuerzas: "¡Dios mío, no te lleves a mi hijo! ¡Ya me lo diste! ¡Por favor, no me lo quites ahora! ¡Lo he aceptado como es! ¡Lo amo!" Puse firme mi dedo para marcar a emergencias en el 911. Eric tenía seis semanas de edad y no respiraba. Estaba dándole de comer cuando dejó de moverse; se quedó completamente paralizado. Como en cámara lenta, vi que mi esposo apretó la nariz de Eric y empezó a darle respiración boca a boca. Expliqué a la operadora lo que pasaba. Despacharon a los paramédicos. La espera fue insoportable, el dolor incontenible, todo el suceso, transformador.

Eric sobrevivió. Este hecho marcó el inicio de mi nueva vida. Acepté completamente que Eric era parte permanente de mi vida. En sus cinco primeros años, Eric experimentó numerosos problemas de salud y se enfrentó a la muerte cinco veces. Para ser los mejores padres posibles, leíamos cualquier cosa y todo acerca del síndrome de Down. En esa época no existía el internet; por lo tanto, sacábamos montañas de libros de la biblioteca. Mi esposo se convirtió en investigador residente. Pensábamos que cuanto más supiéramos, mayores serían las oportunidades de Eric para llevar una vida plena.

Encontramos que el humano promedio tiene 23 pares de cromosomas: un grupo de la madre y el otro del padre. A partir de la concepción, las personas con síndrome de Down poseen uno adicional, en el cromosoma 21 (esto significa que en vez de tener un par para el cromosoma 21, tienen un tercer cromosoma adicional), un padecimiento llamado trisomía 21. Este material genético adicional causa las características físicas asociadas con el síndrome de Down: estatura baja, retraso mental y la cara plana. Debido a sus similitudes, a veces se dice que las personas que presentan síndrome de Down tienen dos familias: su familia biológica y su familia con síndrome de Down.

Luego se presentan un montón de complicaciones médicas. En muchos casos, los cinco sentidos están en peligro. Con la visión, por ejemplo, Eric sufre nistagmo ("ojos bailarines"), estrabismo (bizco) y miopía. La mayoría de las personas con síndrome de Down también padecen infecciones de oídos; algunos incluso nacen con ellas. A Eric le practicaron tres miringotomías dobles (procedimiento para drenar los oídos). También son comunes los problemas en el habla. Algunos, como Eric, se resisten a tocar, lo que significa que su sentido del tacto está agudizado. Esto se expresó en el temor de Eric a explorar el mundo que lo rodeaba. Hacíamos cosas divertidas como colocar las manos dentro de un tazón de espagueti, de manera que entendiera que no corría peligro al interactuar más activamente con su entorno. Muchos bebés con síndrome de Down nacen con graves defectos cardíacos. Afortunadamente, no fue el caso de Eric; en cambio, tenía muchos otros problemas médicos. Por ejemplo, al nacer aspiró meconio, lo cual provocó que sus pulmones fueran frágiles: un resfriado común le duraba, y todavía le dura, meses. Por todo esto, todavía nos aseguramos de llevarlo al médico al primer indicio de algún problema.

Tristemente, no experimentamos la alegría desbordada que embarga a muchas familias con la llegada de un bebé. La felicidad que sentimos estaba acompañada por los omnipresentes nervios de punta por saber que en cualquier momento algo podría fallar y perderíamos a Eric. Mis nervios estaban crispados todo el tiempo. También era extenuante enfrentarnos a los mitos que rodean a la afección de mi hijo. Cuando fui a México, una de mis tías sugirió que fuera a la conocida capilla de una virgen en una pequeña población vecina: "Si tienes fe, la virgen curará a tu hijo". Le respondí que si bien podría ir con Eric, ningún grado de fe en una virgen lo "curaría". Le expliqué con paciencia que aunque quedara milagrosamente curado, no sería justo para los otros cientos de miles de niños con síndrome de Down. Cortésmente le agradecí sus buenas intenciones y luego le relaté en qué consiste realmente dicho síndrome.

Antes del nacimiento de Eric en octubre, yo esperaba regresar a mi trabajo en el banco después de las acostumbradas seis semanas de licencia por maternidad. Aunque creía que después del nacimiento sería más difícil, también tenía planes para terminar la maestría en administración de empresas. Por supuesto, ésta era mi idea estupenda y lógica *antes* de Eric. La realidad de mi vida *después* de Eric fue una historia totalmente diferente.

Aun cuando me educaron en el catolicismo y de niña iba al catecismo, no sabía el significado de a.C. y a.D. Veía estas abreviaturas todo el tiempo, pero nunca pensé en indagar. Luego supe que significan "antes de Cristo" y *anno Domini*, "después de Cristo". Me parecía razonable que el mundo entero considerara el nacimiento de Cristo como un acontecimiento tan notable que dividió la historia en dos fases.

Una división similar se produjo en la forma como empecé a entender los sucesos de mi vida. Nació Eric y todo había cambiado; nada en mi vida quedó reconocible. Mi vida se partió en lo que había hecho antes de la llegada de Eric y lo que sería después de su nacimiento. Ya pasaron 21 años desde esa fecha, 21 años desde que dejé de hacer planes para mi futuro. Cuando me preguntan cuál será mi siguiente paso, suelo encogerme de hombros y respondo que realmente no sé. Esta es una respuesta extraña cuando viene de alguien que antes elaboraba un plan de vida exhaustivo. Todas mis metas iban acompañadas de plazos específicos. Me enseñaron a hacer una planificación meticulosa y eso significaba no dejar al azar detalle alguno. Primero visualizaba y luego ejecutaba. Tenía un plan a cinco, 10 y 20 años; ascendería los peldaños del escalafón en el banco: vicepresidenta, vicepresidenta *senior* y, con el tiempo, presidenta. Soñaba en llegar a ser presidenta de mi propia institución financiera. Incluso sabía a dónde viajaría en mis muy merecidas vacaciones, tanto antes como después de la jubilación anticipada a los 60 años.

El nacimiento de Eric modificó todo. Regresé a trabajar no seis sino ocho semanas después del alumbramiento. Los gerentes del banco comprendieron. Nunca olvidaré cuando el señor Alex Kyman, presidente del banco, me llevó aparte; claro, pensé, *Llegó la hora, estoy liquidada. Voy a perder mi empleo, justo lo que necesitaba.* En cambio, me dijo que hiciera lo mejor posible. Entendía que yo estaba atravesando por una época difícil y lo último que necesitaba era temer por mi empleo. "Si trabaja una o 40 horas a la semana, tendrá garantizada su paga", afirmó. Me sentí muy aliviada y agradecida. El apoyo que me dio fue incomparable. Es fácil darse cuenta por qué fue uno de los banqueros más exitosos que yo haya conocido. Comprendía cómo invertir no sólo en las finanzas, sino también en sus empleados. Era un auténtico líder y siempre le estaré muy agradecida. Jamás olvidaré a las personas que me rodeaban durante mis momentos más oscuros.

Seguí trabajando lo más que podía en el banco. A veces eso significaba laborar 20 horas a la semana, y otras veces 40 horas. Desafortunadamente, los problemas de salud de Eric empeoraban. A los cinco meses empezó a presentar espasmos. Cuando aparecían su cuerpo quedaba inmóvil como si se hubiera asustado y luego se contraía un segundo (este mismo movimiento se repetía una y otra vez). El desarrollo de Eric sufría un rápido retroceso; el pronóstico del pediatra y del neurólogo era sombrío. Los libros que leímos decían que los espasmos infantiles muchas veces conducen al retraso mental. En casos como el de Eric, donde ya había retraso, éste podría volverse profundo. Un día pronuncié el nombre de Eric y ni siquiera hizo el esfuerzo por buscar de dónde venía mi voz. Sus ojos flotaban dentro de su cabeza, no enfocaba ningún punto. Se veía distante, como si cada día que pasaba se alejara más. A veces tenía la mirada inexpresiva y parecía aturdido. Cuando lo acostábamos no mostraba la actividad de otros bebés; su total ausencia de movimiento era sobrecogedora. Le susurraba al oído que lo amaba, pero él no podía voltear la cara para verme. Yo buscaba ayuda con desesperación.

Los medicamentos que tomaba lo sumían en un profundo letargo. Empezó a tener series de 100 espasmos a lo largo del día. Teníamos que llevarlo al neurólogo todas las semanas. Nada parecía funcionar. Por consiguiente, le dábamos más medicamento, tanto que provocaba que sus pupilas rebotaran en sus órbitas como las bolas del juego de *pinball* [billar eléctrico]. Un día su cuerpo dejó de moverse más tiempo que de costumbre. De nuevo lo llevaron a toda velocidad a la sala de urgencias. A la larga la crisis pasó, pero los médicos nos dijeron, en tono muy alarmante, que nunca habían visto algo igual.

Seguimos leyendo todo lo que podíamos sobre el síndrome de Down; algo tenía que ayudar y pronto. Mi esposo investigó los posibles médicos que pudieran ayudarnos y, cuando Eric tenía unos nueve meses, encontró a la doctora Mary Coleman, una neuropediatra de Washington, D.C., quien ya había visto a 14 niños con síndrome de Down y espasmos infantiles, el doble que el doctor de Texas, quien ocupaba el siguiente lugar. Le llamamos a su consultorio para preguntar si estaba dispuesta a ver a Eric. En un principio se mostró vacilante porque la distancia entre California y el D.C. no le permitiría verlo con la frecuencia que quisiera. Insistí e insistí un poco más. Percibió la desesperación en mi voz y por fin accedió. Le pidió al neurólogo que atendía a Eric que le enviara su historia clínica. Unos días después, nos daba la bienvenida en su casa. Evaluó a Eric y, por esta vez, nos dijo que nuestra esperanza era fundada. Esto significó mucho viniendo de alguien tan experimentado. Nos dio un tratamiento de cortisol y se lo administramos allí mismo. En el tiempo que nos tomó llegar al hotel vimos los resultados. En el término de 24 horas, los espasmos de Eric se redujeron a la mitad. *Así debe sentirse recibir la bendición de un milagro*, pensé.

La doctora Coleman nos devolvió la fe en Eric. Sin embargo, hizo recaer una responsabilidad sobre nosotros: "Obtendrán de Eric tanto como le dediquen". Explicó que cuanto más trabajáramos con Eric, mayores serían sus posibilidades de recuperar el terreno que había perdido en su desarrollo. Nos informó que aun cuando técnicamente tuviera nueve meses, para efectos prácticos era como si hubiera nacido ese mismo día en su consultorio. Eric iba a requerir, cuando menos, el doble de tiempo de intervención temprana para recuperar todo lo que había perdido con sus espasmos. Eso significaba toda una serie de terapias: física, ocupacional, del habla y otras.

En el vuelo de regreso a Los Ángeles mi esposo y yo hablamos respecto a cómo nos arreglaríamos para la atención de Eric. Habíamos hecho otro intento para su cuidado y no queríamos arriesgarnos a cometer la más mínima equivocación. Intercambiamos varios escenarios, pero yo ya sabía lo que era preciso hacer.

Termina el escalafón

Supe que tenía que hacerlo. Necesité armarme de valor para entrar a la oficina del señor Kyman y renunciar a mi trabajo en el banco. Eric me necesitaba tiempo completo. Con la comprensión y generosidad que el banco había mostrado hacia mí (incluso ofrecieron pagar mi viaje a Washington) sentía que estaría abusando de su bondad si seguía trabajando allí. Además, aunque no fue planeado, estaba embarazada de nuevo. Le dije todo esto al señor Kyman.

Dio un suspiro profundo: "Entiendo su decisión, Rosario, pero si algún día decide regresar no tiene más que decirlo y encontraremos algo para usted".

Me quedé sin habla. Este hombre de nuevo mostraba su compasión. Le di un abrazo y, con los hombros caídos, abrí la puerta de su oficina. En ese momento comprendí cabalmente la expresión "estar acongojado".

La adaptación

La primera semana tratando de acostumbrarme a mi nuevo estilo de vida fue dura. Solía correr de ida y vuelta entre Eric y el banco, nunca me ausentaba demasiado tiempo pero tenía momentos, por pequeños que fueran, para mí. Hice mi máximo esfuerzo por cumplir con mi papel de madre de tiempo completo para Eric. Él sólo tenía cinco meses cuando me embaracé por segunda vez. Aunque sabía que tendría más quehacer, me entusiasmaban las posibilidades ilimitadas para este nuevo bebé. Ya fuera que Alex y yo lo reconociéramos o no, pienso que ambos sentíamos que de alguna manera este nuevo bebé nos traería todas las maravillosas experiencias propias de los padres primerizos que nos habíamos perdido.

Con el afán de la nueva mamá, compré todo un armario de ropa de maternidad. Este niño representaría un nuevo comienzo para nosotros. Me tenía sin cuidado el sexo del bebé; lo único importante era que estuviera sano. Empecé a soñar de nuevo. Cuando las personas supieron que estaba embarazada, algunas se alegraron por mí pero otras se inquietaron. Me preguntaban si pensaba realizar la amniocentesis (procedimiento por medio del cual se diagnostican las anormalidades del feto). Rechacé esta posibilidad en vista de los riesgos asociados. La prueba era invasiva y podría ocasionar un aborto espontáneo. No estaba dispuesta a correr un riesgo así con mi nuevo bebé. Además, sabía que éste sería un niño perfecto. Y, por si acaso hubiera un problema, ya tenía la confianza para ocuparme de un niño con discapacidades. Había aprendido a circular por un sistema de servicios de salud con frecuencia tortuoso. Aunque las pruebas revelaran algún tipo de defecto, ¿qué podía hacer? Nunca pensé que el aborto fuera una opción para mí. Desde luego, es una decisión muy individual, pero sabía que yo nunca podría hacerlo. No tenía duda de que este bebé sería el mejor regalo que Dios pudiera darme. Por supuesto, si Dios estaba en plan obsequioso.

4. Caída vertiginosa

Esperaba ansiosa mi ultrasonograma. Sabía en forma abstracta que dentro de mí crecía un precioso bebé, pero hay algo en el ultrasonograma que convierte un embarazo en una realidad más concreta. No hacía mucho tiempo había visto a mi pequeño Eric en un monitor parecido.

La técnica pidió que me recostara. Subí a la mesa y me puse tan cómoda como lo permitía mi vientre con un embarazo de cuatro meses. Ella se ocupó en desenredar los cables y alistar el equipo. Al final se paró frente al monitor. En unos momentos pude atisbar mi matriz, donde imaginé que mi bebé se acurrucaba abrigado. No podía esperar a verlo y comencé a bombardear con preguntas a la técnica.

"¿Qué es? ¿Niño o niña? ¿Ya puede distinguirlo? ¿Qué tan grande está? ¿Puede precisar alguno de sus rasgos?"

"Sólo tomará un minuto." Se rió. "A veces la recepción de la imagen tarda un poco."

"Bueno, ¿y ahora?", le pregunté un minuto después.

"No hay nada como la luz que irradia una futura madre", sonrió.

Charlamos sobre temas triviales mientras ella seguía moviendo perillas y miraba fijo a la máquina. Pasaron unos minutos más. Asentía con la cabeza a lo que yo decía, pero ahora tenía el rostro contraído de frustración.

Volteó el monitor para el lado contrario y se inclinó. Su expresión era de desconcierto.

"¿Puedo ver el monitor, por favor?", pregunté. "Quiero ver a mi bebé."

"Señora, tendrá que hablar con el doctor."

"En el ultrasonograma de mi primer bebé la técnica me permitió ver el monitor", añadí, "incluso me regaló la imagen para que me la llevara como recuerdo".

"Lo siento, pero tendrá que esperar a ver al doctor."

"¿Hay algún problema?", la pregunta salió automáticamente de mi boca.

"Como le dije, no estoy en libertad..."

"Sólo dígame qué pasa", interrumpí. "No necesito que me lo diga el doctor."

"Por favor informe en recepción a qué hora puede venir mañana", dijo. El faldón de su bata de laboratorio quedó detrás como una capa inflada cuando salió de la sala. Traté de ponerme en pie, pero mis piernas se sacudían torpemente como si fueran de una marioneta.

Momentos después estaba en casa. Alguien debió tirar de mis hilos, llevándome a casa a salvo, porque estaba frente a mi puerta pero no recordaba cómo había llegado.

Sonó el teléfono, arrancándome del aturdimiento abrumador en el que me hallaba. Era del hospital Kaiser. "Sí, iré mañana. Sí, estoy bien. No importa que no esté mi médico habitual. Cualquiera da igual."

Colgué la bocina y, sin quitar la mano, la levanté otra vez para llamar a Alex al trabajo. Traté de no inquietarlo, pero algo en mi voz debió delatarme porque dijo que se pondría en camino.

Alex llegó y me derrumbé en sus brazos como si alguien hubiese cortado mis hilos. Lloré mientras me sostenía. Hablamos durante horas y nos preparamos para lo peor, pero esperábamos lo mejor. Fue una noche en que sólo daba vueltas en la cama sin poder dormir. De vez en cuando, Alex me codeaba suavemente.

"¿Estás despierta?", preguntaba.

"Claro, ¿y tú?"

"Bueno, yo sólo preguntaba, pero sí."

Esto se dio en ciclos durante toda la noche. Alex me codeaba con delicadeza y yo a él. Cansada por tanto darle vueltas al asunto, me acosté de lado y colocando la mano sobre mi estómago le susurré: "Te amo". Ahogué los sollozos en mi almohada. Esperaba un milagro. Despertaría y todo estaría bien. Lo último que recuerdo antes de quedarme dormida fue el canto de los pájaros al amanecer, afuera de mi ventana.

"Bien, deben sospechar que algo no está bien", dijo el médico esa mañana, con la evidente intención de entrar de lleno en el tema.

"Eso creo", dije apretando la mano de mi esposo.

El doctor respiró hondo y se bajó los anteojos a la punta de la nariz.

"Su bebé ya no existe", dijo. "Ayer no latía su corazón y por eso la técnica no pudo entrar en detalles."

Empecé a hundirme, sentía ahogarme, me faltaba el aire; la cabeza me daba vueltas. Pensé que iba a desmayarme. Las monedas que traía en el bolsillo tintineaban por el temblor de mi cuerpo. En ese instante se desvanecieron todos los sueños relativos a mi bebé y a nuestra familia.

"¿Prefiere que le hagamos una dilatación y el legrado en este momento o dejar que la naturaleza siga su curso con un aborto espontáneo?", preguntó sin perder ni un minuto.

La voz del doctor sonaba confusa, como si yo estuviera bajo el agua. Sus labios se movían, pero yo no tenía idea de lo que decía. Volteó a ver a Alex y repitió la pregunta. Mi esposo movía la cabeza para atrás y para adelante, sin responderle. Después de una larga pausa me sobrepuse y respirando con dificultad le pedí al doctor su opinión profesional.

"Sugiero que deje que la naturaleza siga su curso y cuando comience a sentir las contracciones venga a urgencias", dijo. "Le daremos hasta dos semanas de plazo a la naturaleza. Por supuesto, tendremos que estudiar el feto."

El sufrimiento que sentíamos al salir del hospital era en verdad un dolor físico. Mi esposo y yo entrelazamos las manos durante todo el camino de regreso a casa. No tenía sentido hablar. Ninguna palabra podría describir el desconcierto que ambos sentíamos ni quitarnos el dolor. Froté mi pecho. El silencio imperante era un marcado contraste con la voz que en mi cabeza hacía a gritos preguntas retóricas: *¿Por qué tanto castigo? ¿Por qué yo? ¿Qué podía haber hecho para impedirlo? ¿Por qué no puedo tener este bebé? ¿Por qué mi matriz es tan tóxica para un bebé? ¿No merezco un poco de felicidad?*

Me hallaba en un estado de negación. Esperaba un milagro. Tal vez el doctor estaba equivocado. Quizá la técnica no sabía lo que hacía. Me dije cualquier cosa para evitar que se rompiera mi ilusión de tener un bebé en la matriz. En el peor de los casos, esto significaba tener monólogos mientras frotaba mi estómago. En mi fuero interno sabía que me estaba engañando, que debía aceptar la cruda realidad: llevaba un bebé muerto en mi seno.

Seguí las instrucciones del doctor, pero cada día que pasaba era más difícil verme al espejo. Mi vientre abultado era un constante recordatorio de la pérdida. No había risas, no había esperanza, ya no había nada. No podía imaginar cómo podría volver a sonreír o a reír. Mi matriz acunó a un bebé muerto durante dos semanas exactas antes de que la naturaleza siguiera su curso y comenzaran las contracciones.

Cuando llegamos a urgencias el personal del hospital nos esperaba. Las contracciones eran más dolorosas en el camino al hospital. Estaba llegando al límite de mi umbral de dolor. Este dolor, este dolor físico no tenía ningún fin y yo no quería saber nada de este procedimiento. Mi obstetra habitual, el doctor César Caldera, estaba de guardia en urgencias. Siempre se había mostrado muy amable, bondadoso y atento conmigo. Conocía toda la historia de Eric y me cuidó en las etapas iniciales del embarazo. Vino a verme a mi cama. Yo lloraba, estaba en un grito y le pedí que aliviara mi dolor.

"Retiraré el feto, Rosario, pero su verdadero dolor es otra cosa." Apretó mi mano unos segundos y luego me inyectó algo con lo que de inmediato perdí el conocimiento.

Cuando volví en mí, varias horas después, estaba en el mismo cuarto estéril de hospital. Entonces era verdad. No había sido una pesadilla. Mi esposo estaba a la derecha. Cuando vi la expresión de pesadumbre en su cara empecé a llorar. Pasé la mano sobre mi vientre deshinchado. Se acabó. Ya no había dolor ni bebé. No había esperanzas.

Al siguiente fin de semana devolví mi ropa de maternidad, todavía con las etiquetas en los cuellos.

"¿Ya va a cambiar éstos?", la vendedora era la misma que me había atendido apenas unas semanas antes.

"No, ya no los necesito", dije, sacando la ropa de la bolsa de plástico y colocándola sobre el mostrador.

"¿Cómo dijo?"

"Perdí al bebé", cada vez que lo decía en voz alta, tenía que enfrentarme a la cruda realidad.

"Oh, lo siento mucho", se pasó del otro lado del mostrador y me abrazó. Me derretí en sus brazos.

¿Dónde toparía mi caída?

Dos semanas después estuvieron listos los resultados de las pruebas realizadas en el feto. Hubiera sido una niña que nacería con síndrome de Turner, un trastorno cromosómico poco común en las mujeres que se caracteriza por una talla baja y la ausencia de desarrollo sexual en la pubertad. A diferencia del síndrome de Down, donde hay un cromosoma de más, el síndrome de Turner es resultado de la falta total (o parcial) de un cromosoma X. El genetista dijo que las probabilidades de tener un bebé con síndrome de Down seguido de otro con síndrome de Turner son de "una en un millón". Esto carecía de significado para mí. A mi modo de ver, si yo era ese uno en un millón, entonces bien podría haber sido una probabilidad del 100 por ciento. La doctora preguntó si habíamos pensado en concebir de nuevo. Mi esposo y yo nos miramos con desconcierto; las palabras no eran necesarias. Ni siquiera podía comprender el pensamiento. Mi esposo le dijo que tendría que pasar mucho tiempo. Estuve de acuerdo; mucho tiempo... ¡por no decir nunca más!

Perder a mi bebé fue la gota metafórica que derramó el vaso. Yo me deslizaba por una espiral resbaladiza, sin nada que detuviera mi descenso acelerado. Hice un recuento de mi vida en el último año: un niño con síndrome de Down y un sinfín de otros problemas médicos; un empleo en el banco el cual debí abandonar; el sueño roto de obtener mi maestría; una bella casa que vendimos porque no podíamos pagar la hipoteca y, por último, un aborto espontáneo que reveló la existencia de un feto con síndrome de Turner. Ya era oficial: mi vida se había venido abajo. Muy lejos quedaron los días en que pensaba que podría hacerlo todo. Alguna vez todo era posible y ahora el mundo se me venía encima y rápido. Sentía como si me golpeara un desastre tras otro. No tenía control; estaba abatida, desolada. Muchas mañanas ni siquiera me quitaba la pijama. La ducha también era opcional. La única constante en mi vida era atender a Eric. Me convertí en la versión mecánica de la que fui antes, el engranaje dentro de mí giraba para alimentar, cambiar y bañar a Eric.

En las ocasiones que lograba "reaccionar", lo que veía me causaba resentimiento hacia todos, en especial hacia la persona que veía con más frecuencia: mi esposo Alex. Uno de los muchos aspectos de la relación que siempre nos había unido era el deseo compartido de triunfar. Durante los cuatro primeros años de matrimonio, ambos trabajábamos tiempo completo y asistíamos a clases nocturnas. La mayor parte de las noches de sábado y domingo las pasábamos en "citas" en la biblioteca. Ambos éramos inmigrantes (él de Nicaragua) y estábamos determinados a lograr el sueño americano, aunque nunca lo expresáramos como tal. Nos alentábamos mutuamente para seguir adelante, uno despertaba al otro cuando por accidente nos quedábamos dormidos con la nariz en el libro. Siempre nos equilibrábamos juntos. Él era reservado y yo, extrovertida. Él era objetivo y yo, emotiva. Para ambos, el matrimonio y la familia eran los pilares más importantes de nuestra vida. ¿Por qué *yo* hacía todos los sacrificios, mientras *él* seguía trabajando en tecnología de la información para la ciudad de Los Ángeles y tomaba sus clases de la maestría? Aun cuando regresaba a casa agotado después de un largo día de trabajo y de escuela, yo imaginaba la sonrisa en su rostro. Todo lo que él quería era abrazar y besar a su hijo y a su esposa. Todo lo que yo quería era darle un puñetazo en la nariz.

Me atormentaban las peores jaquecas y pocas veces comía. En el pasado me gustaba ir al cine y una pequeña terapia de compras siempre parecía dar resultado. Ya no. Mi esposo se preocupaba por mí. Con dulzura sugirió que buscara ayuda. Le respondí que no la necesitaba. Si él tenía problemas, podía buscarla. ¿Qué caso tenía buscar ayuda cuando nada podía cambiar lo que había sucedido? Nadie podría remediar todo. Ya no soportaba. No podía seguir adelante, estaba demasiado cansada. Estaba amargada y resentida. Ya no era la persona feliz que antes había sido. Cuando me acostaba, en mis oraciones pedía no despertar, que Dios se apiadara de mí y me librara de estos "problemas de la vida". Sin embargo, mañana tras mañana abría los ojos, haciendo que la desesperación me invadiera una vez más. Todo el tiempo sentía deseos de gritar; desafortunadamente, para eso se requería una energía que no tenía.

Empecé a perder peso con la misma facilidad que los gatos pierden pelo. El color de mi piel adquirió un tono enfermizo. Estaba más que descorazonada. Un día mi esposo me abrazó fuertemente. Ya no sugería que viera a alguien; era enfático al respecto. Accedí a regañadientes. Fui a ver a un médico ordinario y en unos minutos le relaté de un tirón los acontecimientos del último año. Cuando terminé, aclaró la voz y habló con el temor que por lo general reservan para dirigirse a quienes intentan suicidarse.

"¡Vaya!, sin duda la ha pasado muy mal últimamente. Escuche, no voy a recetarle nada. En cambio, quiero que me haga el favor de permanecer cerca de su teléfono. Más tarde, un amigo médico se comunicará con usted. Quiero que le explique lo mismo que acaba de decirme. Él podrá evaluarla y decidir cuál es el mejor camino a seguir. ¿Qué le parece?"

Me encogí de hombros. En retrospectiva, tengo la certeza de que estaba preocupado. Aunque nunca mencionó la palabra *suicidio*, estoy segura de que pensó que yo era una candidata probable. Su amigo me llamó de inmediato. Seguramente después de nuestra conversación descartó el suicidio, porque me dieron cita con un psicólogo unos días después. Nunca había pensado en quitarme la vida, aunque comencé a entender cuántos lo hacen. Sólo deseaba no despertar, lo cual era algo más pasivo que el suicidio. De cualquier manera, tal vez estaba en la fase inmediata anterior a aquella en que las personas empiezan a considerarlo.

Un par de días después estaba instalada frente a un psicólogo por primera vez en la vida. Tenía un comportamiento amable, delicado y apacible. Recapitulé el último año de mi vida. Le expliqué que un año antes yo estaba contentísima, mi vida era *casi* perfecta. Lo único que faltaba era un bebé. Me veía como una joven y atrevida profesional que esperaba un gran ascenso en el banco. Me encaminaba a obtener mi maestría. Estaba casada con un hombre maravilloso con el cual tenía un hogar hermoso. Había hecho algunos viajes a Europa. A decir de todos teníamos éxito. Lo único que faltaba era un bebé muy esperado. Sí, llegó el bebé, pero tenía síndrome de Down y por eso se acabó todo aquello por lo que había trabajado. Eric había tenido tantos problemas médicos que tuve que abandonar mi carrera, renunciar a mi maestría y vender mi casa, sin mencionar que casi perdí dos veces a Eric y después, en fecha más reciente, el aborto espontáneo. Ya no soportaba, quería terminar con mi sufrimiento.

Me escuchó atentamente e hizo muchas preguntas. Las emociones me desbordaban: ira, tristeza, impotencia, desesperanza y resentimiento. Ninguno de estos sentimientos reafirmaban la vida y aunque no lo había enfrentado, tenía una sensación de resentimiento hacia las expectativas que en mí tenía mi familia, la cultura y la religión. Los valores con que me educaron requerían que aceptara todo con una sonrisa. Mi propia madre decía que entendía, pero yo le replicaba: "Nunca tuviste que criar a un niño con retraso mental". Al escucharme expresar los sentimientos y pensamientos que no había reconocido, se apoderó de mí un sentimiento de ira por el que me dejé llevar, aniquilando todos los demás sentimientos implicados. Estaba experimentando una claridad que no había sentido en meses.

Para mí no tenía sentido renunciar a mi vida profesional, mi educación y mi hogar, perder una hija y quedarme como si nada, sin una queja. Muy dentro de mí me rebelaba contra todas las creencias que hasta entonces me eran tan preciadas. Como madre, se suponía que sacrificara cualquier cosa por mis hijos, incluyendo la vida. No debía mostrar descontento, sino dar gracias por lo que tenía. ¿Qué clase de madre deja a su hijo "enfermo" para ir a trabajar? Como esposa, no debería siquiera tocar el tema con mi esposo, aunque él ganara menos dinero y yo tuviera mayor potencial para progresar en el banco. Todos en mi familia, en particular los más religiosos, se aseguraban de recordarme que todas estas dificultades en realidad eran "bendiciones disfrazadas". Cada vez que alguien me decía algo así le pedía a Dios que por favor fuera a bendecir a alguien más; muchas gracias, pero prefería recibir bendiciones sin disfraces. Otras veces, cuando no podía evitar ser sarcástica, les decía que esperaba que Dios los bendijera igual que a mí. Les preguntaba si acaso necesitaban algunas de mis "bendiciones" porque, en cuanto a mí, ya tenía para el resto de la vida. Sé que debí parecer irreverente para algunos de mis familiares y otras personas bien intencionadas; sentí que no tenían la autoridad moral para decir esas frases eufemísticas y vacías cuando no habían sufrido las mismas experiencias que yo.

Después de una larga sesión (al consultorio ahora lo bañaba el resplandor anaranjado de las farolas), el psicólogo volteó a verme, con los dedos juntos formando un triángulo descendente. Dio su evaluación en tono afectuoso: "Bien, me doy cuenta por qué piensa de esa manera. Muchas personas confrontan dificultades que ellas mismas se buscan, pero su caso es muy diferente. No tenía control sobre lo que le sucedió pero, dicho en pocas palabras, todavía tiene que tomar decisiones."

"¿Qué? ¿Bromea? ¿Qué alternativa tengo?" Me quedé atónita. No podía ser tan sencillo.

"Si quiere regresar a trabajar, lo puede hacer mañana. Si es realmente lo que quiere, adelante. Pero si quiere quedarse en su casa y cuidar a su hijo, bueno, también es su decisión."

"¿De qué habla? ¿Y qué hay de los demás?", dije. Sentía el peso de toda mi familia aplastándome.

"No importa lo que digan o piensen los demás", prosiguió, asegurándose de mirarme a los ojos. "Es *su* vida y como tal es *su* decisión", agregó de manera terminante.

"¿Me está diciendo que también puedo elegir quedarme en la casa?"

"¡Sí, es su decisión!"

Las cadenas del resentimiento resbalaron y cayeron al suelo. Todo empezó a tener sentido. Por primera vez en meses me otorgaban poderes. No tenía que culpar a nadie porque, con gran claridad, vi que quedarme en casa con Eric fue una decisión que yo tomé, si bien es cierto que en forma pasiva. Ahora, si lo quería, podía empezar a tomar decisiones activas. Para mí suponía una gran diferencia darme cuenta de que, a pesar de las presiones que sentía de parte de mi familia, la cultura y la religión, tenía la libertad de elegir lo que yo quisiera. No era relevante lo que la gente esperara de mí. Lo importante realmente era mi reacción frente a lo que me sucedía. Hay muchas personas capacitadas para cuidar a los bebés con discapacidades. No era yo la primera ni la última madre en contratar a alguien para que me ayudara a cuidar de mi bebé. Sin embargo, si quería quedarme en casa y ocuparme de Eric, también tenía la libertad de hacerlo. En verdad era asunto mío, así de sencillo. No obstante, en ese momento fue una profunda revelación para mí.

El psicólogo sugirió que regresara a verlo en una semana. Le agradecí efusivamente por ayudarme a ver lo que no había reconocido en todo ese tiempo, pero le dije que lo más probable era que no volviera. Y nunca fui otra vez. Hasta este día, aun cuando no puedo recordar el nombre del psicólogo, le estoy agradecida. Su afirmación sencilla —"usted decide"— constó de dos palabras poderosas que me han ayudado una y otra vez.

En mi coche, al regreso del consultorio del psicólogo, respiré hondo y tomé la decisión consciente de quedarme en casa y cuidar a Eric. Si alguna vez quisiera volver al trabajo, estaría allí esperando. Tener alternativas hizo que me sintiera más ligera. En forma casi mágica, el resentimiento que le guardaba a mi esposo y a mis familiares desapareció.

5. Nace una familia

¡Ni un bebé más! ¿Quién quería más hijos después de las experiencias que había tenido? Un niño nació con síndrome de Down y la otra abortada y con diagnóstico de síndrome de Turner. En mi opinión, dos embarazos "complicados" consecutivos no eran algo prometedor. Además, Eric necesitaba toda mi atención. La doctora Coleman, a quien conocimos en Washington, nos dijo que Eric podría recuperarse de las pérdidas en desarrollo que había sufrido, pero en gran medida a nosotros nos tocaba asegurarnos de que avanzara. Nos recordó que cuanto más trabajáramos por su desarrollo, mayores resultados veríamos.

En mi educación católica me enseñaron a no utilizar anticonceptivos porque era antinatural. El catolicismo, como otras religiones, considera al cuerpo como un templo que no debe profanarse al beber, fumar, consumir drogas y otras sustancias que alteran su química. Antes de casarme asistí a una clase auspiciada por la iglesia donde enseñaban la regulación natural de la fertilidad por medio del método de ovulación Billings. Desafortunadamente, este método no resultó ser tan eficaz como necesitábamos; Alex y yo decidimos que empezaría a tomar la píldora. Pasaron un par de años y mi cuerpo comenzó a presentar una reacción adversa. Subí de peso y tenía tremendos cambios de humor. Sin justificación, arremetía contra todos. Durante una revisión le dije a un médico que yo no tenía amigos. Mi esposo empezó a tratarme con pinzas, preocupado porque alguna acción suya me hiciera explotar. El médico sugirió que dejara de tomar la píldora. Me asustaba embarazarme otra vez, pero sabía que si seguía tomándola las cosas empeorarían.

Para evitar otro embarazo, volvimos a seguir el método Billings; nos aseguramos de llevar un registro cuidadoso de mi temperatura corporal, anotándola en una gráfica y absteniéndonos de tener relaciones sexuales cuando había más riesgo de embarazarme. Pero no funcionó. Al poco tiempo de dejar la píldora me embaracé. El doctor explicó que a veces, cuando una mujer lleva cierto lapso tomando la píldora, sus hormonas tardan en volver a funcionar como antes. Ese era el motivo por el cual nos falló el método del ritmo. Volvíamos a lo mismo: otro embarazo. Yo estaba consternada. ¿Y si había problemas otra vez? ¿Y si el bebé venía con una discapacidad? ¿Y si volvía a abortar? Todo era una tortura. Decidimos no contarle a nadie sobre el embarazo y eso incluía a mi mamá. No quería que estuviera muerta de preocupación. Además, se trataba de un asunto personal y no queríamos opiniones que influyeran nuestras decisiones. Basándonos en el consejo de mi médico, decidimos que me practicaran la toma de muestras de vellos coriónicos (CVS, por sus siglas en inglés). Era una prueba un tanto nueva en 1985 e implicaba un riesgo mayor de aborto espontáneo que la amniocentesis. Se realiza con poco tiempo de embarazo (por lo común a las 10 semanas) y los resultados preliminares se entregan a las 24 horas, al contrario de la amniocentesis que se hace a las 16 semanas y los resultados tardan dos semanas.

Mi doctor revisó detenidamente mi historia clínica y sugirió que me hicieran la prueba de CVS. Kaiser efectuaba este procedimiento sólo para un grupo selecto de madres en riesgo. Al acercarse el día del estudio yo era un manojo de nervios. Este nerviosismo paralizante se estaba volviendo una sensación de sobra conocida. Traté de distraerme, pero era inútil. Sabía que no podría soportar otro golpe. Le pedí a Dios que se apiadara de mí. Yo merecía gozar la alegría ilimitada de la maternidad que se me había escapado. La palma de la mano de mi esposo Alex estaba pegada a la mía con sudor. Me dijeron que el procedimiento no tardaría mucho; el doctor succionaría algunos de los vellos que rodeaban mi placenta y luego harían el cultivo de dichas células. Después de terminar el procedimiento, el médico me dio instrucciones específicas de irme a casa y reposar. No queríamos correr el riesgo de que hubiera un aborto espontáneo. Alex me cargó, como a un niño, hasta nuestra recámara en el primer piso. Al colocarme boca arriba y ver el techo se me salieron las lágrimas. Se iniciaba de nuevo la espera: otras 24 horas de insomnio.

¿Y si la prueba arrojaba otra desilusión? ¿Y si este bebé también tenía síndrome de Down, síndrome de Turner o algún otro síndrome en el que pronto sería experta? ¿Les diríamos a todos de inmediato o esperaríamos a que naciera el bebé? ¿Y si sufría otro aborto espontáneo? Estaba muerta de miedo y rezaba en silencio, luego en voz alta. Las palabras que pronunciaba estaban revestidas de optimismo, confianza y el temor más absoluto. Pero en gran parte, no sabía qué sentía. Pensé en distintos escenarios y tracé planes de contingencia. Sabía que aun si este bebé tenía una discapacidad, Alex y yo nunca pensaríamos en un aborto. Nos invadiría la culpa porque iba en contra de todos nuestros valores religiosos, familiares y culturales. Por lo tanto, si el aborto estaba descartado, ¿qué haríamos? No podía haber claridad, porque estas preguntas no tenían respuesta. Acariciaba mi estómago mientras le susurraba a mi bebé. Aunque este embarazo era inesperado, sin duda era deseado. Le pedí a Dios que este niño no tuviera discapacidades. Le recé a la virgen de Guadalupe, esperando que como madre comprendiera mi predicamento.

Hacia media mañana sonó el teléfono. Lo dejé que sonara y sonara antes de contestar. La recepcionista del consultorio médico me pidió esperar mientras me comunicaba con el doctor. Contuve la respiración.

"Bien, tengo los resultados y le alegrará saber que todo está bien", dijo.

"¿Bien?", pregunté.

"Sí, será niña", respondió.

Me quedé muda.

"Bueno, ¿está allí, señora Marín?"

"Sí, sí aquí estoy, muchas gracias", dije finalmente cuando me recuperé. Al colgar el teléfono se me quitó un peso de encima.

Lloré de nuevo, pero esta vez para expresar una felicidad indescriptible. Eric tendría una hermana y se llamaría Carmen, como mi mamá. Hacía mucho tiempo nos habíamos puesto de acuerdo en su nombre, cuando mi hermano y mi hermana estaban esperando a sus bebés. Como la hija mayor, sentía que tenía derecho de ponerle a mi hija el nombre de esa mujer maravillosa que me enseñó tanto. Menos mal, nadie había escogido Carmen para bautizar a sus hijas, aunque ésta sería la quinta nieta. Mis hermanos y hermanas tuvieron la amabilidad de aceptar mi petición Carmen significa "canción" y, no cabe duda, ese día yo sentía ganas de cantar; ella sería la canción que colmaría mi corazón. Nunca podría agradecer bastante a Dios y a la virgen de Guadalupe.

Pasarían meses para que se desvanecieran los temores y en su lugar quedara la esperanza de tener a Carmen en mis brazos. Soñaba de nuevo en el futuro de mi familia: Eric y Carmen jugando, mi esposo enseñándoles a leer. Imaginé su fiesta de 15 años, su boda y sus futuros hijos. De ninguna manera iba a correr riesgos en este parto. Le pedí al doctor que programara la cesárea. Ya me la habían practicado con Eric y sabía que habría menos riesgo para Carmen. El doctor estuvo de acuerdo.

Llegó el día del alumbramiento. A las seis de la mañana salimos hacia el hospital y la cesárea fue a las ocho. Mi esposo estuvo en la sala de partos conmigo. Cuando por fin nos mostraron a Carmen y en efecto era una bebé, no dejaba de parecer una sorpresa. Era la bebé más bonita que yo hubiera visto; su piel era de un color moreno delicado, como si tuviera un bronceado perfecto; tenía ojos grandes y negros. Cuando sonreía quedaba al descubierto un hoyuelo monísimo en la mejilla derecha. Sencillamente era perfecta.

Dios había respondido a mis plegarias. Eric tenía una hermanita sana y éramos una familia completa. Nunca podré expresar plenamente la bendición que fue Carmen en nuestra familia desde el día de su nacimiento.

La muerte toca a la puerta... otra vez

Cuando tenía cinco meses embarazada de Carmen, a Eric le hicieron cirugía mayor del cuello para corregir su inestabilidad atlantoaxial, porque estaba quedándose paralizado. Después de la operación tuvo que usar collarín durante seis meses para asegurar que el cuello estuviera inmovilizado. Era difícil ver que le colocaran a mi hijo cuatro tornillos (de unas tres pulgadas) en la cabeza. Al término de los seis meses, el neurocirujano pensó que era mejor dejarle el aparato a Eric hasta después del nacimiento de Carmen. Eric tenía casi cuatro años y ya poseía la destreza para andar volado por la casa con su andadera y su collarín personalizados. Una y otra vez, la adaptabilidad de Eric me sorprendía: era un verdadero luchador.

Lo mucho que tendría que luchar quedó claro cuando Carmen apenas tenía cinco semanas. Mientras amamantaba a Carmen, mi mejor amiga Locha y yo estábamos platicando en la sala. Locha comentaba lo maravilloso que resultaba que Eric pudiera desplazarse con su andadera. Ambas le echamos un vistazo cuando plantó los dos pies contra la pantalla del televisor. Retiré a Carmen de mi pecho y se la di a Locha. Antes de que pudiera acercarme a Eric, se había retirado del televisor con tal fuerza que perdió el equilibrio y cayó de espalda. El grito que lanzó era distinto a todo lo que yo había oído: ensordecedor. Tres de los cuatro tornillos del collarín se habían zafado de la cabeza y el cuarto le había perforado la parte posterior del cráneo.

El tiempo pasaba lentamente, muy parecido a los momentos dramáticos de las películas. Mis ojos no podían creer lo que veían. Estuve a segundos de desmayarme cuando mi esposo bajó corriendo las escaleras. Oficialmente perdí el control y repetía: "Alex, ¡se va a morir! ¡Eric se va a morir! "A mi esposo le entró un pánico manifiesto. Me gritó que me callara y me controlara. Toda la experiencia se hizo borrosa. No recuerdo quién llamó a los paramédicos. A pesar de mis grandes esfuerzos, sólo podía seguir gritando. No ayudaba. Cuando llegaron los paramédicos, recuerdo que uno de ellos dijo que nunca había visto nada igual. "Bueno, ¿alguien tiene una idea de qué hacer?", añadió. Yo estaba mareada.

Cuando me di cuenta, iba en una ambulancia con sirena abierta pasando entre el tránsito y los coches se apartaban hacia los lados del camino, como si se abrieran las aguas. Yo iba sentada en el asiento delantero junto al conductor y los paramédicos en la parte de atrás con Eric. Mi pobre hijo estaba consciente, pero confundido y con muchísimo dolor. Debí tener tal pánico que emocionalmente di un giro completo y me invadió una sensación de completa paz. Me llegó un *flashback* de cuando tenía 19 años y asistí a un retiro de fin de semana llamado Encuentros. Las actividades de esos días culminaron cuando los participantes colocamos la mano derecha sobre la Biblia y declaramos nuestra fe en Dios. Fue una experiencia religiosa impactante para mí, porque sentí como si me comunicara directamente con Dios.

En mi desesperación total, la sensación de ese momento volvió con una claridad tranquilizadora. Recé con todo el fervor religioso que originalmente despertó en mí ese retiro. No tengo idea si rezaba mentalmente o en voz alta. Le dije a Dios que creía en él más que nunca, que después de todo lo que había pasado con Eric esperaba que su voluntad fuera que Eric viviera. Al instante me invadió una paz indescriptible. Me sentía serena.

Para cuando llegamos a la sala de urgencias del hospital yo estaba lúcida y proporcioné toda la información necesaria a la recepcionista de admisiones. Mi esposo se aseguró de que Carmen quedara encargada y llegó desesperado unos minutos después. Debe haber parecido que yo estaba en las nubes. Comenzó a lanzar una andanada de preguntas.

"Trata de calmarte, Alex. Todo va a estar bien." Le toqué el hombro como si pudiera transmitir mi tranquilidad. Debe haber pensado que yo había perdido el juicio, considerando que pocos momentos antes gritaba con todas mis fuerzas.

"¡Claro, Rosario, me voy a calmar mientras nuestro hijo está allí adentro con un tornillo que le perforó el cráneo!"

"Ya sé lo que parece, pero ten confianza en mí, Eric se recuperará de ésta."

Una vez que estabilizaron a Eric, el neurocirujano ordenó que una ambulancia lo trasladara a otro hospital en Anaheim. Eran las cinco de la mañana. El médico dijo francamente lo que planeaba hacer y cuáles eran sus posibles consecuencias. Nos presentó el peor escenario: Eric podría morir. Hicieron su mayor esfuerzo por quitar el perno sin provocar daños, pero podría haber graves complicaciones. Imaginé la escena del neurocirujano cuando sacaba el perno lacerante al tiempo que salía materia cerebral por el orificio perforado.

Gracias a Dios no sucedió nada así de dramático. El médico retiró el collarín y de inmediato llevaron a Eric a la unidad de cuidados intensivos. El neurocirujano nos enseñó las inquietantes radiografías y nos dijo que temía que se presentara una infección en el recubrimiento del cerebro. Yo seguía repitiendo: "Eric va a estar bien". Todos pensaban que me encontraba en etapa de negación.

A lo largo de la mayor parte de esta terrible experiencia que duró toda la semana, mi Carmen de seis semanas de edad me acompañó, aunque no permitían la entrada de bebés al hospital. Le susurraba que tenía que estar muy callada, de modo que pudiera quedarse con nosotros. Si el personal del hospital supiera que estaba conmigo me obligarían a llevarla a casa. No quería dejarla con nadie; me daba fortaleza. Los tres primeros días Eric se hallaba en cuidado intensivo y, puesto que sólo una persona podía estar con él, mi esposo y yo nos turnábamos para mecer a Carmen en el cuarto contiguo, destinado para la familia. Una vez que mejoró el estado de Eric, salió de la unidad de cuidados intensivos y lo pasaron a otro cuarto. Como aún no descubrían a Carmen seguimos llevándola. En todo momento había un miembro de la familia con Eric, por ello las enfermeras llamaban a esa persona si algo sucedía. Todos los días entraban a revisar a Eric a la misma hora, de manera que sabíamos por adelantado cuándo teníamos que esconder a Carmen. Alternábamos entre sacarla del cuarto o meterla al baño. Por suerte pasaba la mayor parte del tiempo en silencio durmiendo en sus primeras semanas de vida.

Al final, los doctores no podían creer que Eric no hubiera tenido complicaciones. El día que salimos del hospital, las enfermeras se sorprendieron al descubrir que Carmen había estado conmigo todo el tiempo. Parecía como si, a sabiendas, Carmen se sometiera a las necesidades de su hermano. En un periodo en que casi todos los bebés necesitan mucha atención, mi bebé parecía comprender la situación. Estábamos perplejos.

Esa sería la primera de muchas veces que Carmen honraría a toda la familia con su sensibilidad y comprensión innata de las necesidades de su hermano. Carmen se convirtió rápidamente en mi constante compañera, siempre a mi lado cuando yo atendía a su hermano. Cuando Carmen tenía unos cinco años, le pregunté si no le importaba ir conmigo al funeral de una amiga; ésta murió de cáncer y me pidieron que pronunciara el panegírico.

Al ir de regreso a casa, tomé la manita de Carmen y le agradecí que estuviera conmigo en ese día triste. Sabía que ya era tarde y había pasado por mucho su hora de dormir. Esperó un momento, como si absorbiera lo que había dicho, y luego dijo unas palabras que nunca olvidaré: "Pero mami, por eso nací... para ser tu compañera". ¿Cómo era posible que esta pequeñita comprendiera cuánto la necesitaba?

Dos años después, mientras la arropaba bien en la cama, me recosté junto a ella y le dije que algunas veces sentía remordimientos porque no podía pasar con ella tanto tiempo como quisiera. Volvió a esperar un momento y luego, viéndome con sus ojos negros chispeantes, sonrió y dijo: "Está bien, mami, estás ayudando a otras personas". Una vez más me sorprendió con su increíble empatía.

¡OTRA VEZ!

Mi esposo quería otro hijo; más específicamente, otro niño. Quería mucho a Eric y pensaba que le haría bien a su desarrollo tener un hermano. Carmen tenía ya más de un año y había traído muchos momentos preciados a nuestra vida. Teníamos la mejor familia que podíamos esperar; ¿por qué correr el riesgo de otro embarazo? Yo dudaba, por decir lo menos. Para mí, el embarazo siempre había implicado navegar en un turbulento mar de emociones.

Esperaba que, con el tiempo, mi esposo desistiera de la idea. No hubo forma. Insistió, aunque sabía que había el 50 por ciento de probabilidades de que tuviéramos otra niña. Quería arriesgarme. En su rostro vi cuánto significaba para él tener otro hijo. Viendo hacia atrás, tal vez nos sentíamos más confiados después del satisfactorio nacimiento de Carmen. Alex estaba convencido de que sería niño. Al final cedí y dije que sí. Acordamos no contarle a nadie nuestro deseo de tener otro bebé. Aun así era difícil atravesar toda la confusión sin que la familia estuviera alerta. Decidimos que hasta conocer el resultado del examen CVS (el mismo que me hicieron con Carmen) no le diríamos a nadie.

Mi mente y mi cuerpo empezaron a procesar las emociones de sobra conocidas que acompañan al embarazo. Yo tenía más confianza que en ninguno de mis tres embarazos previos. Sabía cómo cuidar a un niño con discapacidad y ya no me parecía un hecho que causara conmoción. Si fuera niña, sería bienvenida a nuestra cariñosa familia. Traté de permanecer ciega a las consecuencias posiblemente oscuras. El único temor inmediato era perder a mi bebé durante la prueba de CVS. Esperé los resultados pacientemente junto al teléfono.

Cuando al día siguiente recibí la llamada del consultorio médico, me preparé para lo peor, pero aguardaba lo mejor. Luego vinieron las tres palabras que esperaba: "Todo está bien". Crucé los dedos y pregunté si era niño o niña. El doctor me informó que tendría un niño. Grité. "Entiendo que está feliz por eso", rió el doctor. No pude esperar que mi esposo regresara a la casa y marqué a su trabajo para darle la noticia. Estaba eufórico e insistió en que esa noche saliéramos a celebrar. Ya habíamos decidido que llamaríamos al bebé Alex, como mi esposo. Aunque técnicamente su primer nombre era Álvaro y el segundo Alejandro, todos lo llamaban Alex. En cierta manera sería el junior.

Mi embarazo transcurría con toda felicidad y esperamos la llegada del pequeño Alex con gran esperanza. Mi vida se había vuelto agitada con el voluntariado, los viajes para abogar por las personas con discapacidades y, lo más importante, criar a mis dos hijos. Como lo hice durante el embarazo de Carmen, le dije al doctor que quería que fuera cesárea; esto minimizaba los riesgos para el bebé. Después de dos cesáreas, conocía bien los posibles riesgos para mí y estaba dispuesta a correrlos una vez más. Sin duda, ese sería mi último embarazo. Mi esposo y yo habíamos acordado que me ligarían las trompas durante la intervención. Si por alguna razón el bebé nacía por parto natural, entonces Alex se sometería a una vasectomía.

El doctor accedió a la operación y fijamos la fecha del parto. Pero si la vida algo me había enseñado era que los planes no siempre, o casi nunca, se desarrollan conforme a lo previsto. Seis semanas antes de la fecha sentí una especie de contracciones. Fuimos de prisa al hospital. Yo era un manojo de nervios, ya que de hecho eran contracciones y eso significaba que tendría un bebé prematuro. Cuando llegamos a la sala de urgencias buscaron si había indicios de problemas. Me dieron un medicamento para detener las contracciones. En unas horas me dieron de alta. Me salvé por un pelo, pero si todo marchaba según lo planeado, mi bebé llegaría al término.

Un par de días después visité a mi mamá. Ella siempre era muy cariñosa con todas las embarazadas de la familia. Me preparó agua de melón (mi bebida favorita) y fue refrescante. A la una de la tarde sentí una urgencia increíble de ir al baño. No logré hacerlo antes de que se me rompiera la fuente. "¡Ya viene el bebé!", grité de regreso a la cocina. Me trasladaron rápidamente a la sala de urgencias, una vez más, y me embargaba tanto el entusiasmo como el miedo.

Cuando llegamos al hospital, el doctor y sus ayudantes se preparaban para la operación. El médico empezó a verificar y me preguntó si había consumido algo recientemente. "Sólo agua de melón", le dije. Explicó que tendrían que esperar otras seis horas antes de hacer la cesárea. Las contracciones eran regulares, pero me consolaba saber que se detendrían a las siete de la tarde. Me conectaron al equipo de monitoreo. Pedí algo que me aliviara el dolor, pero dijeron que no era posible por la cirugía inminente.

Mi familia sabía que faltaban unas horas para la cirugía, así que estaba sola con mi esposo en el cuarto.

Cuando se produjo una contracción recordé que esto era natural, el bebé intentaba abrirse paso al mundo. Di unas palmaditas en mi estómago, diciendo: "Pronto, Alex, pronto". A las cinco y media sentí otra vez la innegable necesidad de ir al baño y llamé a la enfermera para que retirara todo el equipo de monitoreo. Entró y tan pronto como me echó un vistazo, el pánico cubrió su rostro.

"¡Dios mío, ya viene el bebé! ¡No se mueva!", dijo al salir del cuarto. Segundos después el doctor entró corriendo.

"No puje, haga lo que haga, no vaya a pujar. Tenemos que llegar a la sala de partos", exclamó.

No había tiempo para la cesárea. Todo pasó tan rápido. En cuestión de minutos ya tenía al bebé en mis brazos. Estaba impresionada. No hacía más que repetir: "¡No lo puedo creer! ¡No lo puedo creer! ¡Ya nació el bebé!" Era precioso, diminuto, bello e impaciente. Mi esposo había estado conmigo durante todo el parto y en sus ojos había lágrimas de padre orgulloso. Sin duda no pensaba en la vasectomía a la que tendría que someterse.

Como Alex era un bebé prematuro, tenía que permanecer en el hospital para el monitoreo. Pedí a los médicos que me permitieran llevarme al bebé cuando me dieran de alta al día siguiente. El doctor dijo que valoraría su progreso y nos daría a conocer su decisión. Yo sabía que mi bebé se desarrollaría en un hogar amoroso. A la mañana siguiente, el doctor dijo que Alex había amanecido muy bien. Me permitiría llevarlo a casa puesto que había tomado un curso de CPR (resucitación cardiopulmonar) y tenía experiencia con niños que requerían mucha atención. La salvedad era que tenía que prometer llevar a Alex al hospital todos los días durante una semana y después según consideraran conveniente. Desde luego que estuve de acuerdo con estos términos.

Nuestro regreso a casa fue de un júbilo incontenible. Meciendo a Alex y rodeada por mis otros dos hijos y mi esposo, sabía que había nacido nuestra familia completa. Me habían bendecido y no podía pedir más. Alex pronto fue parte integral de la familia. Su apodo era "Gusanito", porque cuando había espacio entre alguien o algo y yo, por pequeño que fuera, se abría paso hasta mis piernas. Siempre se mostraba ansioso por verme, pataleando de emoción cuando yo estaba cerca.

Al crecer siguió muy apegado a mí. Era un niño feliz y alegre, siempre dispuesto a dar un abrazo o un beso. Piensa que soy la mejor cocinera del mundo; disfruta cualquier cosa que preparo. Un día me preguntó por qué mi comida es deliciosa. Le dije que cuando cocino le espolvoreo pizcas de amor. Hasta la fecha todavía me pide que no olvide las pizcas en mis platillos.

Me causa gran satisfacción ver el desarrollo de las relaciones entre mis tres hijos. Aunque Eric es el mayor (ahora tiene 21 años), Carmen y Alex lo protegen. Cuando Alex tenía seis años, todos nos sentamos a ver un programa especial de televisión relativo a lo que las familias necesitan hacer antes, durante y después de un incendio. Al terminar, elaboramos un plan de acción y acordamos un punto de reunión. Las tres recámaras estaban situadas en el segundo piso y un pasillo largo separaba la recámara principal de las habitaciones de los niños. Comentamos que, en caso de incendio, todos tendríamos que salvarnos por nuestras respectivas ventanas si el pasillo y las escaleras estuvieran en llamas. Como Alex y Eric compartían una habitación, le dije a Alex que era muy probable que Eric tuviera mucho miedo para saltar por la ventana. "Si es el caso, de todas maneras tú tienes que saltar", afirmé. Alex asintió con la cabeza, pero la idea parecía preocuparle.

Un par de horas después, Alex me codeó.

"He estado pensando en el incendio, mami."

"¿Qué piensas?", pregunté.

"Si Eric no salta por la ventana, yo tampoco. Me quedo y muero con él."

Mi corazón se encogió. El hecho de que Alex tuviera la madurez para no querer que su hermano muriera solo es algo que nunca olvidaré.

"Me siento feliz de ver cuánto amas a tu hermano", dije y lo abracé fuerte. "¿Qué te parece si encontramos una mejor solución?"

"¿Cómo cuál", preguntó.

"Bueno, ¿qué tal si empujas a Eric antes de saltar?"

"Sí, eso lo resuelve", dijo feliz de que hubiéramos encontrado una mejor solución.

Alex siempre ha tenido un gran corazón y ahora, a sus 15 años, es un joven noble. Todavía aprecio los momentos cuando, sin que él sepa, capto el menor gesto o trozo de conversación que demuestra lo dulce y protector que es con Eric. Alex, el otrora diminuto bebé prematuro, ahora mide 1.80 metros, mientras que Eric casi llega a 1.50 metros de estatura. Mi corazón aún se ensancha cada vez que los veo codo con codo. La influencia de Eric en la vida de Alex es clara: se ofende mucho cuando sus amigos adolescentes bromean diciéndose "tarado" entre ellos. Les hace saber que eso no le parece gracioso y sus amigos se disculpan por su insensibilidad.

La influencia de Eric en mi vida también era clara, pero no tenía previsto que cambiaría por completo el panorama de mi futuro.

6. Vivir con una meta

Después del rechazo inicial frente al hecho de que el síndrome de Down de Eric no desaparecería ni mejoraría notablemente, a pesar de hacer nuestro máximo esfuerzo, llegué a un punto de tranquila aceptación. En un principio tuve problemas para hacerme a la idea de que la vida que había planeado y contemplado nunca se haría realidad. Mi hijo, sin tener la culpa, nunca podría hacer todas las cosas que imaginé para él. Por doloroso que fuera esa era mi nueva realidad e indicaba la existencia de muchas dimensiones inexploradas. Si iba a convertirme en la mejor madre que pudiera ser para Eric, tenía que entender cómo encajaba en mi vida. Necesitaba llegar a ser experta en síndrome de Down, un padecimiento del que sabía poco antes del nacimiento de Eric.

Hay muchos mitos en torno al síndrome de Down y, desafortunadamente, los errores muy extendidos que asedian a la sociedad en general parecen estar aún más arraigados en la comunidad hispana. Asumí la responsabilidad y el privilegio de educar a todo aquél que encontrara. Las ideas falsas variaban de ofensivas a ridículas. Expliqué que tomar una copa de vino durante el embarazo no causa el síndrome de Down y lo mismo puede decirse del uso de un horno de microondas, estar afuera durante un eclipse de luna y de las personas que le hacen mal de ojo al vientre de la mujer embarazada. Perdí la cuenta de las veces que expuse con detalle qué es y qué no es el síndrome de Down. Expliqué que un niño con esta discapacidad es como los demás niños "normales". "Los niños son niños", decía. Los que tienen síndrome de Down son juguetones; les gusta imitar a los demás niños; les encantan los helados, ver películas, escuchar música, etcétera. Me di cuenta que educar a los latinos respecto al síndrome de Down no era algo que podía seguir haciendo de manera informal. La necesidad del trabajo educativo era monumental, por no decir más, y decidí empezar a actuar en el ámbito local.

Al encuentro de la FUERZA

Conocí a Maria Richardson durante el primer Congreso Nacional de Síndrome de Down al que Alex y yo asistimos. El hijo de Maria también tenía el síndrome y contaba con 15 años cuando Eric tenía apenas unas semanas de haber nacido. Admiré su destreza para atender a su hijo. Cuando nos conocimos hubo un vínculo instantáneo y al término de la conferencia sentíamos como si fuéramos viejas amigas. Prometimos seguir en contacto. Una y otra vez, resultó ser una fuente de inspiración y un pilar de apoyo. Probablemente se percató de mi necesidad de orientación. De vez en cuando llamaba, pero la mayoría de las veces yo le hablaba para ponerla al tanto de Eric y hacerle preguntas. Su carácter era dulce; no me sorprendió enterarme de que era consejera de otros padres que cuidaban a hijos con síndrome de Down. También era miembro ordinario de la Asociación de Síndrome de Down en Los Ángeles.

A partir de nuestro encuentro inicial, siempre hablábamos de la necesidad de educar a los hispanohablantes en materia de síndrome de Down. Yo asistía a las juntas mensuales de la citada Asociación; tenían lugar las noches entre semana y en distintos sitios. Los participantes no sólo tenían que entender inglés, sino también necesitaban saber cómo conducir estas juntas. María y yo no teníamos problemas con estos requisitos pero, ¿el resto de nuestra comunidad? La barrera del idioma, aunada a la falta de transporte, con frecuencia eran obstáculos insalvables. Era necesario hacer algo.

Cuando Eric tenía poco más de un año, Maria y yo decidimos llevar adelante un posible grupo de apoyo, específicamente para hispanohablantes. Tuvimos una lluvia de ideas respecto a dónde empezar y decidimos enviar 30 invitaciones a familias que sólo hablaban español; celebraríamos nuestras juntas en un salón de clases dentro de la iglesia católica San Matías, porque sabíamos que la mayor parte de nuestra comunidad no se sentiría intimidada por reunirse en una iglesia. El padre Rody Gorman aplaudió nuestra iniciativa de formar un grupo que nunca había existido y dijo que nos ayudaría como pudiera. Después de investigar un poco, descubrimos que éramos el único grupo de síndrome de Down en el país que servía directamente a los hispanohablantes. Esto fue en 1986; ahora hay muchos más.

Aunque teníamos el presentimiento de que se necesitaba un grupo de apoyo, nos sorprendió que llegaran 20 personas. Recuerdo haberles explicado que Maria y yo no necesitábamos un grupo de apoyo en español porque hablábamos inglés y ya pertenecíamos a otro grupo.

Les hicimos saber que estábamos dispuestas a establecer y manejar un grupo de apoyo si pensaban que les beneficiaría. Tratábamos de medir su auténtico interés y compromiso antes de invertir nuestra energía en su creación. Hubo una respuesta positiva abrumadora y decidimos llamarlo Padres de Personas con Síndrome de Down. Fue en 1991 cuando rebautizamos al grupo como FUERZA. Teníamos juntas mensuales y elaboramos un plan anual que incluía invitar a profesionales del ramo que hablaran con nosotros, sesiones de capacitación para que los padres se convirtieran en consejeros, una reunión para hermanos y un día de campo en verano. Nuestra meta era convertirnos en el primer grupo de apoyo para las familias latinas de los niños con síndrome de Down.

Nunca me sentí tan viva, con una meta. Rebosaba de energía e ideas. Después de dejar mi empleo en el banco, podía dedicarme en exclusiva a Eric y formar nuestro grupo de apoyo. El principal obstáculo era encontrar dinero para financiarlo. Durante un par de años pudimos mantenernos a flote con un presupuesto anual de dos mil dólares. Este dinero se utilizaba para cubrir los gastos telefónicos, copias y el envío por correo de boletines bimestrales que yo escribía. Era una labor realizada con amor. El consejo de administración por lo general colaboraba con unos cuantos dólares y los empresarios locales hacían lo mismo. Todavía recuerdo la impresión que me llevé cuando recibí la donación de nuestros primeros quinientos dólares de parte de Southern California Gas Company. A todo el grupo le pareció una acción muy generosa. Con eso financiamos nuestro primer simposio y, en cierta forma, validó nuestros esfuerzos. Sentíamos que debíamos estar haciendo algo especial para recibir esa clase de apoyo.

En el ámbito nacional, octubre es el mes nacional del síndrome de Down. Tradicionalmente, los grupos de apoyo de toda la nación tienen programas para favorecer la causa de quienes tienen esta discapacidad. Las actividades por lo general incluyen simposios, conferencias, caminatas (*walkathons*), actividades para recaudar fondos y el Congreso Nacional del Síndrome de Down. Cuando nuestro grupo se reunió para decidir cómo celebraríamos, diversas ideas flotaban en el ambiente, pero luego se nos ocurrió algo: ¿por qué no hacer una misa para nuestros niños? Después de todo, la iglesia nos había proporcionado generosamente un lugar para las juntas. Sabíamos que podíamos utilizar el poder del púlpito para educar a los padres latinos sobre el valor de sus hijos y los programas existentes para apoyar a sus familias. ¿Qué mejor manera de comunicar nuestro mensaje en español que a través del medio cultural influyente de la iglesia?

Trescientas personas asistieron a nuestra primera misa en 1986. Hubo una afluencia increíble y todos los años aumentaba el número de asistentes; ahora llega al millar. Para nuestra segunda misa anual invitamos al arzobispo (ahora cardenal) Roger Mahoney. Nos sentimos honrados de que aceptara celebrar con nosotros el regalo de nuestros hijos. Recuerdo vívidamente el ofertorio. Un grupo de niños con síndrome de Down caminó por el pasillo con sus ofrendas de vino, pan, uvas y flores y luego, para nuestra sorpresa, el arzobispo se hincó para recibir las ofrendas de sus manos. Todos recibimos una lección de humildad al observar a la máxima autoridad de nuestra iglesia rendir homenaje a nuestros niños inclinándose ante ellos. Toda la experiencia era un buen augurio para el éxito futuro.

Una noche apacible, después de que Eric se había dormido, mi esposo y yo estábamos en el sofá cuando se apoderó de mí un pensamiento con una emoción visceral.

"Ya sé exactamente cuál será mi misión en la vida." Apreté la mano de Alex.

"Bueno, ¿qué pasa?" preguntó.

"Voy a hacer de este mundo un lugar mejor para personas como Eric y familias como la nuestra."

"Bueno, mamacita, si ésa es tu misión en la vida, entonces la mía será garantizar que la cumplas."

Fue así de sencillo. En un momento, mi misión en la vida se me reveló con una claridad jubilosa. Como ventaja adicional mi esposo prometió apoyarme.

Ya pasaron muchos años desde que tuvimos esa conversación. Alex ha sido mi sostén, una fuente inagotable de apoyo férreo. Ha cumplido su compromiso con dignidad. No podría pedir un mejor compañero, amigo y esposo. Siempre he dicho que estamos hechos el uno para el otro. Desde el primer momento en que lo vi supe que me casaría con él, el mío fue amor a primera vista. Me ha confesado que para él no fue lo mismo. Supongo que poco a poco le empecé a gustar. Llevamos 25 años casados y cada día que pasa mi amor por él se hace más profundo. El amor joven que compartíamos se transformó en un maravilloso amor maduro, la clase de amor que sólo podría darse al confrontar los retos juntos. En todo este tiempo ha sido el defensor más enérgico de mi objetivo de hacer de este mundo un lugar mejor para personas como Eric.

Claro, esto sonaba como una noble lucha por alcanzar mis metas. Pero, ¿cuál era el significado exacto? ¿Cómo podía evaluarse? No sabía con precisión qué haría a continuación o qué objetivos tangibles debía fijar. No obstante, la pureza de mis intenciones era innegable. Había una sensación de paz en mi recién descubierta razón de ser. Los valores más fundamentales me sirven de guía. Pensé que en tanto mi misión estuviera clara, con el tiempo se manifestaría el camino para lograrla. Tenía la certeza de que sería un instrumento para cumplir una vocación mucho más grande que mi hijo, mi familia y yo misma. Deliberadamente me sometía a mi creciente convicción. Mi vida estaba llena de acciones con sentido. Estaba lista para enfrentarme a gran cantidad de retos que aguardaban a la vuelta del camino, cada uno con una lección inherente que aprender.

Segunda parte

Una vida en la política

7. Un puente entre dos mundos

Los acontecimientos y oportunidades de mi vida han exigido que me reinvente constantemente. Cuando trabajaba como recepcionista en el City National Bank, nunca imaginé que desearía ser algo que no fuera funcionaria de la banca. Me encantaban diversos aspectos de la actividad bancaria. Era gratificante interactuar con los clientes todos los días y brindarles los servicios que pudieran ayudarles. Cuando estuve en esa institución, apoyaba a los pequeños bancos independientes para que compitieran con los más grandes, alentándolos para que se hicieran miembros de nuestra Instant Teller Network, una red de cajeros automáticos que daría el mismo nivel de servicio que los bancos con múltiples sucursales. Por supuesto, esto fue en 1982, cuando los cajeros automáticos no eran tan omnipresentes como en la actualidad. Mi futuro en la banca estaba frente a mí como una hoja de cálculo detallada que predecía un crecimiento profesional.

Desde luego, Eric llegó a mi vida y se requirió que redefiniera cuál sería mi futuro y qué me importaba en verdad. No me cansaré de recalcar lo importante que es tener en la vida una meta y una misión sólidas. Sabía que dormiría profundamente y me sentiría realizada tan sólo al hacer las cosas más pequeñas para lograr que éste fuera un mundo mejor para personas como Eric. Así fue que volqué toda mi energía en FUERZA. Quedó de manifiesto que este asunto del voluntariado requería más tiempo y resultaba más complicado de lo que supuse. Era difícil viajar cada mes a Sacramento para proteger los derechos de las personas con discapacidad y propugnar por servicios para ellas, cuando en casa estaba una familia que dependía mucho de mí. Estaba agotada, pero realizada.

Entretanto, terminó la campaña de 1990 para gobernador de California. Me agradó saber que Pete Wilson ganó las elecciones. Seguí muy de cerca la contienda para entender cuál era la postura de los candidatos sobre los problemas relativos a las personas con discapacidades. Como madre de un niño con una discapacidad, confiaba en mi instinto e intuición. Si bien algunas personas no se dan cuenta cuál es la diferencia entre lástima y compasión, en segundos yo podría decirlo por la forma en que las personas se acercaban a mi hijo. Cuando durante su campaña le preguntaban por las personas con discapacidades, Pete Wilson siempre mostró compasión. De inmediato lo aprobé. En mi mente era muy sencillo: si te preocupan las personas como mi hijo, seguramente te preocuparán todas las demás.

Hasta ese momento, mi nivel de participación política era exclusivamente como madre que luchaba por los derechos de las personas con discapacidades. Mi campaña era apartidista y sólo la alimentaban las necesidades de las personas que más me importaban. Me transformé en una consumada defensora al asistir a mítines y actos con los medios de comunicación, atestiguando en audiencias legislativas y asumiendo la vocería no oficial de los hispanos. Muchas veces los activistas de la comunidad y los periódicos me describían como la voz hispana dentro de la colectividad de personas con discapacidades. Estaba orgullosa de saber que les interesaban nuestras causas.

Durante algunos años había sido miembro del Area Board x on Developmental Disabilities, cuando mi amiga Eileen Cassidy, la directora ejecutiva de la institución, se enteró de que Dennis Amundson (alguien con quien estábamos muy de acuerdo) era considerado por Wilson, el gobernador electo, para ser el nuevo director del Departamento de Servicios para el Desarrollo (DDS, por sus siglas en inglés). Denny había jugado un papel decisivo para lograr la aprobación de la Ley Lanterman, la cual daría gran protección a las personas con discapacidades.

Sin perder ni un minuto Eileen y yo organizamos una entrevista con Denny. Queríamos hablarle sobre sus planes para el Departamento de Servicios para el Desarrollo, si llegara a ocupar la dirección. Al día de hoy, Denny jura que esa conversación con nosotros fue lo que realmente le planteó un desafío y lo puso a prueba. En nuestra entrevista, Denny demostró que era un maravilloso candidato para el puesto; habló con fluidez sobre su compromiso de hacer avanzar el programa para las personas con discapacidades. Evidentemente podía esbozar sus planes, ya que surgían de un conocimiento muy arraigado en el terreno. No podía ser fingida su compasión por las personas que más me interesaban. Tanto Eileen como yo estábamos impresionadas y esperábamos que llegara a ser el nuevo director.

Para nuestro alboroto, poco después de nuestra entrevista Denny se convirtió en el nuevo director. A días de su nombramiento llamó para preguntar si me interesaría ingresar a la administración, como jefa de asuntos legislativos en el Departamento de Servicios para el Desarrollo. Después de recuperarme de la conmoción inicial, le aclaré las cosas a Denny:

"¿Yo? ¿No ves que estoy embarazada, Denny? Además, no paso de ser una mamá. ¿Cómo podría estar en la administración del gobernador? ¡No sé nada del gobierno!" Estaba embarazada de Alex, y Eric y Carmen necesitaban a su mamá.

"Rosario, todo eso es irrelevante para mí. La conclusión es que has tenido más éxito en abogar por las personas con discapacidades que nadie que conozca, incluyéndome a mí."

"No lo sé. Mi vida es ajetreada en este momento y..."

"Como madre tienes gran credibilidad. Nadie en su sano juicio objetaría tu sinceridad o tu conocimiento del sistema. Sabes que eres la mujer adecuada para este puesto."

"Gracias, Denny, por la invitación y tu fe en mí, pero no es posible... quiero decir, con la espera de mi tercer hijo y..."

"Escucha, lo único que pido es que lo pienses", dijo. "Date tiempo para asimilarlo."

Me despedí, colgué y no volví a pensar en eso. Cómo podría hacerlo cuando sabía que el puesto requería que mudara a toda la familia a Sacramento, a seis horas de distancia o, lo que es peor, dejarlos en Huntington Park.

Unos meses después, nació Alex. Mi esposo sólo podía ayudar un poco, porque tenía un trabajo de tiempo completo y asistía a la escuela. Yo estaba muy ocupada. Mi madre empezó a ayudarme a cuidar a mis hijos. Mientras tanto, Denny visitó Los Ángeles y me dijo que el empleo seguía esperando. Me informó que cinco personas aspiraban al puesto, pero ninguna avanzó en el proceso de designación. "Está muy claro que este empleo es para ti." En broma se arrodilló: "Está predestinado, Rosario".

Aunque no lo dijo en serio, había un dejo de verdad que resonaba en mi cabeza. ¿Y si Denny tenía razón? ¿Y si el hecho de que cinco aspirantes al puesto no lo consiguieran era una señal? Tal vez era lo que Dios quería que hiciera yo. Tal vez esto era parte de mi misión en la vida. En tono vacilante prometí a Denny que lo pensaría un poco más.

Mi esposo y yo hablamos del asunto mucho tiempo, dándole vuelta a la idea en la cabeza y analizándolo desde todos los ángulos. Dejé en claro que nunca había buscado ese puesto, que nunca pensé siquiera en trabajar para un gobernador, nunca me interesó ocupar un puesto que ofrecía la capacidad de modificar las leyes. Pensar en los posibles sacrificios en lo individual y en lo familiar era abrumador. Tanto mi esposo como yo veníamos de familias muy unidas que conformaban nuestro sistema de apoyo incondicional; ninguno de nosotros se había alejado de ellos por un periodo tan largo. Sabía que a mi mamá le resultaría muy difícil aceptarlo. La última vez que mi familia se había separado fue cuando nos mudamos a Estados Unidos. Además, ¿cómo respondería Eric al cambio? Tendríamos que vender nuestra hermosa casa para comprar una nueva en Sacramento. Luego, para permanecer juntos como familia, mi esposo tendría que dejar su trabajo y encontrar otro. Había que tomar en cuenta demasiadas cosas.

Nos costó muchísimo decidirnos, pero ambos reconocimos que sería una oportunidad para decretar un cambio real en la vida de familias como la nuestra. Llegamos a la conclusión de que no vendría mal solicitar el puesto. Por lo menos de esa manera no persistirían las dudas en mi mente. Por otra parte, si solicitaba el puesto y me lo ofrecían, entonces tal vez sí era para mí. De cualquier manera, ese problema lo resolveríamos cuando llegara el momento. Continuamente le pedía a Dios que me guiara. Si era su voluntad, la aceptaría. Si no, estaría más que satisfecha de seguir en casa con los niños.

En el vuelo de Los Ángeles camino a mi entrevista en Sacramento, me sentí escéptica sobre mis posibilidades de ser seleccionada: *¿cómo voy a conseguir este puesto si otros cinco aspirantes no pudieron? Además, no paso de ser una mamá....* Presenté mi solicitud y me entrevistaron Kim Belshe, Jeannie Cain y Terri Steffan de la Health and Welfare Agency (Oficina de Salud y Asistencia Pública). Salí de su oficina sin el aire de confianza producto de una entrevista exitosa. Sentía que estar ausente del mundo laboral unos años había hecho que perdiera mi ventaja. Le dije a mi esposo que tenía la seguridad de no ser la elegida. Ambos quedamos satisfechos y, hay que reconocerlo, un poco aliviados; obviamente eso no era para mí.

Al día siguiente sonó el teléfono.

"¡Felicidades, Rosario, lo lograste!", el entusiasmo de Denny irradiaba del teléfono.

"Pero, ¿cómo es posible?"

"Te lo dije, está predestinado", dijo Denny. "Ahora necesitas preprarte para la entrevista en la oficina del gobernador."

Cuando colgué no daba crédito; mi corazón latía aceleradamente.

Unos días después estaba en el vestíbulo de la oficina del gobernador. Mientras esperaba para la entrevista respiraba hondo. Toda la escena parecía surrealista. Pasé por las formalidades de otra entrevista en piloto automático. Estreché la mano de Julie Justus, secretaria de nombramientos, quien traía una carpeta donde asomaban varios artículos de periódico.

Mencionó que había leído algunos artículos que destacaban mi trabajo. Durante la entrevista Julie se comportó amable, inquisitiva, pero en última instancia evasiva. No me dio entrada para preguntar si me ofrecerían el puesto. Ni siquiera me atreví a terminar la entrevista con la pregunta: "¿Cuándo comienzo?"

En el vuelo de regreso a Los Ángeles surgieron más preguntas. ¿Y si en realidad sucedía? ¿Era lo correcto? ¿Estaría en mejor posición para ayudar a las personas con discapacidades? ¿Buscaba este empleo para el bien de mi familia? La aeromoza me vio con aire preocupado y me di cuenta de que yo sollozaba.

Al día siguiente hubo otra llamada telefónica.

"¡Felicidades. Lo lograste de nuevo!", dijo Denny. "Ahora espero que tus antecedentes sean muy limpios."

"¿Qué significa eso?", pregunté.

"Quiere decir que, bueno, si es que apruebas, estaré hablando con la próxima jefa de asuntos legislativos", agregó.

"Denny, vivo frente a la iglesia de Santa Marta; cuando cuelgue, cruzaré la calle para ir a rezar. Si esta es la voluntad de Dios, nos veremos en Sacramento."

Colgué y fui a la iglesia. Al hincarme cerca del altar, recé así: "Dios mío, por favor ayúdame a saber si esta es la decisión acertada para mi familia; no sólo para mí, sino para todos. Tú sabes que ni siquiera busqué el empleo, me llegó. Tengo aquí una vida buena con mi familia. ¿Dejarlos a ellos y a mi mamá es realmente lo que debo hacer? ¿Es éste el precio que tengo que pagar para lograr una meta mayor?"

Al terminar de rezar, sentí paz en mi corazón: ahora ya no estaba en mis manos.

Después de eso todo pasó muy rápido. Me ofrecieron el puesto y decidí aprovechar la oportunidad. El comunicado de prensa de la oficina del gobernador donde anunciaba mi nombramiento fue distribuido unas semanas después. La expectativa de comenzar en mi nuevo puesto era a la vez emocionante y aterradora.

En cuestión de días, entregué sin problemas la administración de FUERZA al consejo, más específicamente a mi amiga Maria Zaragoza, quien se convirtió en presidenta de la organización. Luego vino la parte más difícil: descifrar qué era lo mejor para mi familia. Mi esposo y yo decidimos que me mudaría primero a Sacramento, antes de trasladar a todos. Contratamos a una mujer maravillosa, de nombre Flori, para que nos ayudara con los niños. No pasó mucho tiempo para que Flori se convirtiera en parte de la familia; siempre asistía a cumpleaños, primeras comuniones y otros actos importantes. Mis primeros meses en Sacramento los dedicaría a establecerme en mi nueva función, rentar un apartamento y ayudar a mi esposo a buscar un nuevo empleo. Una vez que desahogáramos estos pendientes, pondríamos a la venta nuestra casa en Huntington Park y utilizaríamos ese dinero para comprar una nueva vivienda en Sacramento.

Durante los primeros meses me iba los lunes y volvía los viernes. Aunque era difícil desde el punto de vista emocional, parecía un plan viable a cuatro o seis meses. Con suerte nos reuniríamos antes. La primera vez que dejé a mi familia tuve un sentimiento de tristeza y aceptación. Pensé si, hasta cierto punto, esto era lo que mi papá había sentido al dejarnos en México. Ahora mi familia era la que se dividía con la ilusión de tener mejores oportunidades y servir a una causa mayor.

Siempre estaré en deuda con mi amiga Eileen Cassidy quien me brindó un techo mientras me instalaba en Sacramento. Ambas trabajábamos en el Departamento de Servicios para el Desarrollo y mi transición se facilitaba mucho al encontrar un rostro amistoso al llegar a casa.

Mi plan familiar de cuatro a seis meses pasó a ser un plan modificado de un año. La economía había empeorado y nuestra casa en Huntington Park no se vendió. Al pasar las semanas, me era más difícil dejar a mi esposo y a mis hijos. Las noches de los domingos eran terribles; sólo podía pensar en tener que dejar otra vez a mi familia a la mañana siguiente. Cancelamos la venta de la casa y después la reactivamos, ofreciéndola a un precio más bajo. Pasaron los meses y nadie mostró interés.

En Sacramento estaba completamente sumergida en el trabajo y eso empezó a rendir frutos. Era la primera en llegar a la oficina (por lo general antes de las siete) y muchas veces la última en salir, alrededor de las siete u ocho de la noche; los conserjes eran mi compañía nocturna. Por supuesto, pensaba en mi papá, que como conserje hacía su trabajo cuando todos se habían ido. El ruido de las aspiradoras nocturnas no hacía más que fortalecer mi determinación. La ética laboral de mi papá me impulsaba día con día. Estaba decidida a asegurarme de estar a la altura del ejemplo y los sacrificios que habían hecho mis padres. Yo misma trabajaba hasta el agotamiento todos los días, al llegar a casa sólo tenía energía suficiente para meter las palomitas al microondas y desplomarme frente al televisor.

Durante ese primer año en Sacramento, el gobernador Pete Wilson firmó la reforma legislativa más radical de los últimos 20 años, que impactaría en la vida de las personas con discapacidades. Esto fue un gran triunfo para los activistas que habían promovido esta legislación por años. Me sentí orgullosa de ser miembro del comité selecto que hacía recomendaciones. Ahora, como jefa de asuntos legislativos, el gobernador leía mi análisis para firmar o vetar la legislación. Desde luego era el producto de un enorme trabajo de equipo que incluía a individuos, grupos, legisladores y al personal del departamento para finalmente ver el resultado. Cuando el gobernador firmó la legislación todos dimos un gran suspiro de alivio. Ahora, más que nunca, sentí que estaba en el lugar correcto en el momento correcto. Era un privilegio ser parte de un hito en la historia de todo el sistema relativo a discapacidades; era el trabajo que tendría repercusiones en todo el país. Y pensar que yo estaba en medio de todo.

En 1992, cuando llevaba casi un año en el puesto, el estado enfrentaba drásticos recortes presupuestales. El déficit era de 14 mil millones de dólares y el gobernador propuso siete mil millones en recortes a los gastos del gobierno y otro tanto en aumentos de impuestos. Como parte de la administración, mi trabajo era promover las prioridades legislativas del gobernador Wilson, siguiendo la pista a todas las legislaciones que pudieran afectar a las personas con discapacidades. Éstas eran las dos metas que pocas veces entraban en conflicto. Por supuesto, pocas veces no significa nunca.

Con esos recortes drásticos no había manera de soslayar el hecho de que se modificarían todos los programas del estado. Como todos los jefes de departamento, Denny estaba encargado de proponer una serie de recortes para nuestro departamento y presentarlos al gobernador. Como Denny tenía que salir un par de días, puso a su comité ejecutivo a trabajar en la formulación de las propuestas, en lenguaje legislativo, y el presupuesto del departamento que sería presentado.

Recibí una copia de la propuesta íntegra. Leí el documento con sumo cuidado, hojeando páginas y páginas de lenguaje legislativo que detallaban los cambios y los posibles recortes. Entonces me saltó a la vista un párrafo a renglón seguido y sentí un puñetazo en el estómago. No recuerdo la redacción exacta, pero en esencia se reducía a guillotinar el sistema para las discapacidades. Sentí que nos despojaban de todo nuestro arduo trabajo. El lenguaje dejaba en claro que se negarían los servicios para personas con discapacidades, salvo en los casos en que los problemas de salud inminentes llevaran a la muerte.

Para poner esto en el contexto adecuado, les indicaré que el sistema de California es considerado como uno de los mejores del país. California se hace responsable de sus ciudadanos que presentan discapacidades desde el nacimiento hasta la muerte. Estas modificaciones harían desaparecer eso. Anonadada, pensé en algún medio posible por el cual pudiera detener esto. Para cuando Denny regresara ya sería tarde; no habría tiempo suficiente para que leyera todo el informe, palabra por palabra, después de que circulara. Antes de tomar alguna acción precipitada, analicé mis opciones y pensé que lo mejor sería buscar orientación.

Parte de mis responsabilidades era cabildear con los legisladores a nombre del Departamento de Servicios para el Desarrollo. Unas semanas antes de leer la propuesta, había hecho una cita con una integrante de la Asamblea Legislativa. Al entrar en su oficina me temblaban las piernas. Estaba consciente de que no podría hablar de una legislación cuando la propuesta presupuestaria del Departamento ocupaba todos mis pensamientos. Necesitaba consejo y pensé que tal vez ella podría ayudar. Sin entrar en los detalles de mi aprieto, le pregunté cómo manejaba las situaciones difíciles. Le expliqué que ya había llegado al límite y no estaba segura de qué amarres debería hacer para poder sostenerme.

"Me doy cuenta de que está afligida, Rosario", dijo. "Como sé que no me puede dar detalles de su situación, le transmitiré algo que me ha ayudado siempre."

Me reanimé, con la esperanza de que aquello que me dijera me guiara de alguna manera por el camino correcto.

"Siempre marco una línea de conducta y me prometo que de ninguna manera me apartaré de ella", afirmó sencillamente. "Eso también significa que nunca acomodaré esa línea a mi conveniencia, porque eso equivale a cruzarla. Una vez que uno actúa así habrá que preguntarse, ¿cuándo me detendré?"

Pasó un momento para que pudiera asimilarlo y ver cómo se traduciría en mi situación. Igual que los mejores consejos, el suyo era sencillo pero ayudaba muchísimo.

"Mil gracias por su orientación y su tiempo", dije. "Ahora sé lo que debo hacer."

Mi línea estaba marcada: de ninguna manera seguiría trabajando en el DDS si la propuesta seguía adelante. No desistiría de la ayuda a los discapacitados. Tenía que aceptar la realidad de que si perdía esta batalla, entregaría mi renuncia. Hablé por teléfono con mi esposo y estuvo de acuerdo con mi decisión. Me dolía el giro de los acontecimientos pero no estaba preocupada. Marcar mi línea me había dado serenidad, tenía que ser consecuente con lo que valoraba.

Denny regresó a última hora de la tarde al día siguiente. Enseguida lo abordé. Sentía que mi predicamento me aplastaba y cuanto más pronto entendiera cuál era su postura, mejor. Aunque ya nadie estaba en el piso a esa hora, le pregunté a Denny si podía cerrar la puerta.

"¿Qué pasa?", preguntó.

"¿Ya viste el lenguaje propuesto para los recortes presupuestarios?", le pregunté tratando de controlar el temblor de mi voz.

"Para ser sincero, no he tenido oportunidad de revisarla."

Vi que la propuesta estaba en su charola de entrada y la tomé.

"Entonces, permíteme señalarte la parte más ofensiva", dije.

Le di a Denny unos minutos para que leyera el párrafo. Después de lo que pareció una eternidad, me miró. Me complació ver una expresión de enojo en su rostro.

"Sencillamente no puedo aceptar esto y estar en paz conmigo misma", dije. "No vine a Sacramento a destruir el sistema que protege a personas como mi hijo. No es la razón por la que vinimos a este departamento, Denny. Tendré que renunciar en este momento si..."

"Rosario, eso no será necesario", dijo. "En primer lugar, gracias por informarme esto. Segundo, supongo que asistirás a la junta que tendremos mañana a primera hora."

La junta improvisada se realizó a la mañana siguiente. Se escuchaban murmullos pues todos preguntaban de qué diablos se trataba esa junta sorpresa. La propuesta estaba en medio de la mesa, entre tarros de café, cuadernos y plumas.

"Estamos hoy en esta junta para preguntarles por qué trabajamos todos aquí." Denny recorrió con la mirada a los que estábamos alrededor de la mesa, con expresión de desconcierto. "Bueno, permítanme recordarles que estamos aquí para luchar por las personas con discapacidades."

En mi interior, yo brincaba de alegría.

"Ahora bien, sé que necesitamos hacer recortes, pero si esto", Denny levantó la propuesta y la dejó caer, "es lo mejor que pueden hacer, entonces no merecen trabajar en este departamento".

Sé que a muchos de mis colegas la indignación de Denny los tomó desprevenidos y se quedaron perplejos por lo rápido que se centró en el lenguaje específico que era necesario atender. Cuando el comité empezó a revisar la propuesta con un nuevo criterio, las deliberaciones comenzaron de inmediato.

Como madre, le estaré eternamente agradecida a Denny y, como activista, siempre admiraré sus capacidades. Siempre supe que era una buena persona, pero una y otra vez trascendía el llamado del deber y se convertía en el máximo defensor de nuestra causa. Luchó por nuestro presupuesto con todas las armas de su arsenal político. Esto era personal. Denny había pasado años de duro trabajo con el autor del proyecto de ley inicial que creó la ley que ahora estaba en peligro.

Después de todos nuestros esfuerzos, nuestro departamento no sólo libró los recortes previstos, sino que el gobernador incrementó nuestro presupuesto para aumentar el número de personas con discapacidades que dependían del sistema. Denny y yo no podíamos estar más satisfechos con la noticia. En el plano personal, era satisfactorio saber que todos los sacrificios, como dejar a mi familia cada semana, no eran en vano. Denny tenía razón: me dieron la oportunidad de ser una influencia positiva en la vida de aquellos con discapacidades y ahora eso llegaba a buen término.

Nuestro éxito nos inspiró para tener aún mayores logros al año siguiente. Como resultado de nuestro trabajo en equipo, el gobernador firmó la California Early Intervention Services Act (Ley de servicios de intervención temprana de California). Esta fue una ley que por fin se concentró en el panorama completo: las necesidades tanto de los niños como de sus familias. Antes de esta ley sólo se tomaban en cuenta las necesidades del niño con discapacidades, independientemente del marco familiar. Nuestra nueva ley requería cambios en la programación de los servicios para explicar las diferencias en las familias. Por ejemplo, si una madre soltera tenía más de un hijo, un trabajo de tiempo completo y la necesidad de llevar a su hijo con diversos especialistas, por primera vez su situación se consideraba en una categoría diferente a la de quien no enfrentaba estos retos adicionales. El resultado ayudaría a miles de familias existentes en el sistema, así como a las que entraran por vez primera.

Hasta este momento no podría haber tenido mayor satisfacción profesional con mi lugar en la administración. Había jugado un papel decisivo en la reforma de todo el sistema. Como madre de un niño con discapacidades, me sentía honrada de estar en un cargo que me permitía participar en la preservación y mejoramiento del sistema para miles de niños como Eric. Tenía plena confianza de que, a pesar de sus imperfecciones, California tenía el sistema más amplio para proteger los derechos de las personas con problemas de desarrollo.

Desafortunadamente, ya se iban a cumplir dos años y nuestra casa de Huntington Park no se había vendido. Dos veces cancelamos su venta, la volvimos a ofrecer y nada pasaba. Nuestras esperanzas de mudar a la familia a Sacramento disminuían rápidamente. No podíamos rehuir el hecho de que el mercado inmobiliario estaba muerto y no podíamos costear la compra de una nueva casa sin vender la anterior. El precio emocional que mi familia estaba pagando por mi ausencia bien había valido la pena por los resultados, pero era insostenible. Era una tortura dejar a mis hijos cada semana. Todavía tengo vivo el recuerdo de los lunes por la mañana cuando Carmen se aferraba a mi pierna y lloraba. Toda la familia temía esas salidas semanales; siempre era el mismo ritual y también se hacía más difícil concentrarme en el trabajo cuando sabía que mis hijos estaban creciendo rápido y me necesitaban. Mi esposo y yo tratábamos de encontrar nuevas racionalizaciones cada semana que pasaba, pero los días estaban contados: ya era hora de que volviera con mi familia.

Cuando me detuve a reflexionar un momento, estaba segura de que había cumplido lo que me había propuesto hacer en mi puesto como jefa de asuntos legislativos en el DDS. Podía respirar hondo y descansar, con la seguridad de que mi misión en Sacramento había terminado: las personas como Eric y las familias como la nuestra estarían mejor. La protección que les otorgaban las nuevas leyes era significativa; los nuevos programas les facilitarían mucho la vida.

Hice el anuncio poco después de que mi esposo y yo decidimos que el regreso era en realidad la mejor opción para nuestra familia. Aunque todos estaban tristes por mi partida, lo entendían. El gobernador me preguntó si podía permanecer en su administración como miembro designado del Consejo Estatal para las Discapacidades del Desarrollo. La principal función del consejo es elaborar el plan estatal para servir a sus ciudadanos con discapacidades. Estaba eufórica porque, aun cuando era un cargo no remunerado, me permitía seguir trabajando en los temas que me apasionaban.

Me sentía sumamente honrada y afortunada porque de inmediato me seleccionaron como directora del ayuntamiento; a la larga trabajé en el consejo por más de dos años. Durante ese tiempo, nuestra campaña más importante se hizo para garantizar la continuidad del financiamiento federal. Hubo veces en que el gobierno federal amenazó con negarlo: esto era inaceptable. Por suerte, pudimos trabajar con el comisionado para las discapacidades del desarrollo y garantizar que continuara el financiamiento si aceptábamos concluir algunas de las tareas que proponían, como reordenar la forma en que el Estado asignaba los fondos federales. Un programa estatal no debe financiarse con dinero federal. Al final, todos estuvieron satisfechos; yo empezaba a creer en los finales felices, al tiempo que deseaba que llegara el siguiente capítulo de mi vida.

8. Actividad local

La oportunidad volvió a tocar a mi puerta cuando estaba atando los cabos sueltos y empacando para regresar de manera permanente con mi familia a Huntington Park. Me moría de ganas de volver a ser parte habitual de la vida de mis hijos. Al mismo tiempo, Raul Perez, miembro en funciones en el ayuntamiento de Huntington Park, asistía en Sacramento a una conferencia de la Liga de Ciudades Californianas (League of California Cities). Pasó por mi oficina para comunicarme una intrigante noticia política local. Uno de los miembros del ayuntamiento no se postularía para la reelección y como él, Raul, sí lo haría, necesitaba que alguien lo acompañara en la misma lista de candidatos. En vista de mi experiencia en Sacramento, creía que yo sería una gran candidata.

Después de considerar lo que pedía, acepté que mi experiencia en Sacramento me había preparado bien para ocupar un puesto en el ayuntamiento. Sin embargo, un factor muy importante a tener en cuenta era que yo nunca me había postulado a un cargo de elección. Para tener posibilidades de ganar, iba a necesitar mucha ayuda.

El momento en que se presentaba esta oportunidad era demasiado perfecto y hacía que me preguntara si esto también era parte de un plan mayor. Empecé a pensar que mientras trabajara con ahínco, Dios me bendeciría con oportunidades. Una vez más, yo no busqué esta oportunidad, pero sería una forma excelente de seguir en el servicio público y en mi comunidad. No importaba que mi sueldo se redujera en forma significativa. Antes de esta noticia, estaba lista para quedarme en casa todo el tiempo con mis hijos. Quiso la suerte que este fuera un empleo de medio tiempo. No podía pensar en un escenario más perfecto.

Como siempre sucede al enfrentarme a un gran reto, empecé a rezar. Es mi forma probada de eliminar toda interferencia y hablar con un poder superior. Sabía que, si me elegían, sería una inversión significativa de tiempo y energía. También sentía el miedo y la aprehensión comunes que se experimentan al emprender algo desconocido. Raul escuchó mis inquietudes y me tranquilizó asegurándome que me enseñaría todo lo que yo necesitaba saber para manejar una campaña. "Después de todo, tuve que aprender *algo* de mis seis derrotas anteriores. Tendrás el beneficio de mi experiencia." Esto me calmó, pero no pensaba siquiera en perder. Si iba a hacer esto, entonces tenía que ganar.

Mi familia me recibió con los brazos abiertos. Tenía que recuperar el tiempo de calidad con mi esposo e hijos. Gozar de su respaldo cuando me postulara para el ayuntamiento era todo lo que podía pedir. Sin embargo, sabía que para tener alguna posibilidad de ser electa, necesitaba buscar apoyo político.

Me aconsejaron que me entrevistara con Joe Valverde. Era sabido que todo aquél que considerara formalmente una carrera política en Huntington Park, al primero que visitaban era a Valderde. Para decirlo sencillamente, tenía poder político para influir en la selección de candidatos. Durante años había estado íntimamente ligado con la Junior Chamber (JC) de Estados Unidos. Esta organización no lucrativa para jóvenes se concentra en formar líderes mediante el voluntariado de la comunidad y a menudo se le considera una plataforma de lanzamiento de muchos políticos, dándoles oportunidades para hacer conexiones profesionales benéficas.

Pensando en el *adagio* que dice: "la mejor manera para llegar al corazón del hombre es a través del estómago", hice una reservación en el restaurante Dal Rae de Pico Rivera para nuestra entrevista. Joe llegó puntualmente e iniciamos nuestra deliciosa comida, hablando de temas muy distintos a la premisa original del encuentro. La mirada afable de Joe y su risa sonora me tranquilizaron; teníamos una buena química. Al terminar de comer, entre el tintineo de los cubiertos hubo un silencio total. Joe se puso serio.

"¿Qué responderías si te dijera que no tienes lo que se necesita para ser miembro del ayuntamiento?", preguntó llanamente.

Me sorprendió y un trozo de comida se me atravesó en la garganta. Pensé que estaba preparada para cualquier comentario que me hiciera, pero nunca esperé que esas palabras salieran de su boca. Observé el rostro de Joe buscando alguna pista de que bromeaba. Lo que vi fue un hombre con mirada inexpresiva y cabello entrecano cortado al rape. Respiré hondo y traté de no enojarme.

"Repito, Rosario. ¿Qué…"

"Te diré qué", interrumpí. "¡Me iré a casa y encontraré la manera de demostrar que estás equivocado!" De pronto sentí que estaba otra vez en la escuela con todos los chicos riéndose de mi IQ supuestamente bajo. Tener que probar mi valía ya me había estimulado antes y esta vez no sería diferente.

"¿En serio?", se rió.

"Claro que sí. Me iré a casa y elaboraré un plan para asegurarme de entrar al ayuntamiento", continué con calma. "Y luego te invitaré cuando me tomen el juramento."

"¡Ajá!", Joe parecía ser experto en contestaciones monosilábicas agudas.

"Joe, con todo respeto, haré esto aunque pienses que no debería."

"¡Así me gusta! ¡Tienes el entusiasmo!", dijo con los ojos radiantes. "Sólo te estaba probando para saber si tienes lo necesario para llegar a ser miembro del ayuntamiento."

Me reí con gran alivio.

"No te preocupes, tienes mi apoyo", dijo, "y estaré en primera fila cuando prestes juramento".

Una vez despachado nuestro asunto principal, Joe empezó a contarme recuerdos de las pasadas contiendas. Habló de las muchas personas que buscaron su apoyo con la expectativa de que todo lo que tenían que hacer era declarar su candidatura y él haría todo el trabajo difícil. Tenía claro que yo no pertenecía a esa categoría, puesto que estaba lista para hacerlo sola. Como probé que no dependía de su apoyo, él me lo brindó. Procedió a darme un consejo que siguió sirviéndome durante muchos años y no sólo en la política local. Fue obvio que era un hombre sensato. El resto de nuestra conversación giró en torno a que yo no sólo estaba lista, sino también tenía serias intenciones de entrar al mundo de la política. Antes de marcharnos, Joe prometió correr la voz de que yo me postulaba a un sitio en el ayuntamiento.

En política hay muchos dichos, pero hay uno muy frecuente: "En la política, los amigos vienen y van, pero los enemigos se acumulan". Aunque tengo una buena ración de enemigos acumulados, no estoy de acuerdo con esta idea. Contradice mis casi dos décadas de experiencia en la política, con una lista de amigos que sigue aumentando. Joe Valverde fue el primero de muchos. En los años posteriores no sólo fue mi asesor, sino también un amigo verdadero y constante.

No hace mucho tiempo, Joe recibió un reconocimiento en un banquete y tuve el honor de hacer el brindis. No recuerdo las palabras exactas que pronuncié, pero espero haber transmitido cuánto aprecio el papel que ha tenido en mi vida. Me enseñó que en política puedes tener aliados, pero también subrayó la importancia de mantener las relaciones en perspectiva. Hoy alguien puede estar de acuerdo contigo sobre un problema específico y mañana será tu opositor en otro asunto. Lo importante es no tomarlo como algo personal, así son las cosas. Con la asesoría de Joe, he podido transformar muchas relaciones políticas en amistades duraderas.

En marzo de 1994 me eligieron para ocupar un asiento en el ayuntamiento. Unas nueve personas competían por tres puestos. Fue cuando me percaté de que en la política local, cuanto menos son las probabilidades mayores son las pasiones. Aunque los latinos representan más de 80 por ciento de la población de Huntington Park, esa fue la primera vez que también eran gran mayoría en el consejo, con cuatro miembros. Los dos primeros miembros latinos resultaron electos en 1990 y al tercero lo designaron en 1993, después del fallecimiento de un miembro de larga permanencia en el consejo. Yo fui la cuarta. El consejo reflejaba la diversidad de la comunidad donde vivíamos; por lo tanto, había la esperanza de que se produjera un cambio verdadero.

La gran división: la Propuesta 187

Iba a aprender el verdadero significado de estar atrapada en una situación sin salida, cuando se desarrolló en California el violento debate de la Propuesta 187. Si se aprobaba, negarían cualquiera y todos los servicios públicos a las personas que vivían en California de manera ilegal. Esto se aplicaba incluso a la educación para los niños y los servicios médicos para las personas con discapacidades (la única excepción eran las urgencias). Las consecuencias de esta Propuesta eran inaceptables para mí. El camino que necesitaba seguir para permanecer fiel a mis convicciones me dejaría sin amigos por un tiempo; fue una lección necesaria que me enseñó que, aun cuando nadie más te respalde, la fuerza de tus convicciones te sostendrá.

La Propuesta 187 removió todas las emociones de los californianos y dividió severamente el panorama político. Todos los días se lanzaban acusaciones y recriminaciones de racismo. La radio y la televisión estaban llenas de denuncias en cuanto a que los "ilegales" eran culpables de todos los males de la sociedad; en el otro extremo del espectro, los defensores de los "indocumentados" los pintaban como los salvadores de ésta. El debate se produjo días después de haber sido elegida para el consejo. En una ciudad cuya población era en gran medida de latinos demócratas y miles de inmigrantes con y sin documentos, la mayoría abrumadora de Huntington Park se oponía a la Propuesta. Yo estaba en un dilema. Por una parte, como representante de los habitantes de mi ciudad, tenía el deber de encarnar su oposición. Sin embargo, políticamente fui una persona designada por el gobernador Pete Wilson, que estaba a favor de la Propuesta pero que también apoyaba mucho los proyectos de ley en pro de las personas con discapacidades; fue fundamental al firmar la reforma más radical en décadas. Algunas veces se borran las líneas entre lo político y lo personal. Decidí tomar una posición valiente: apoyaba al gobernador en su reelección, pero me oponía a la Propuesta 187.

Las personas no sabían qué pensar de mí. Los republicanos, si bien apreciaban mi apoyo a la reelección del gobernador, también se molestaban porque me oponía a la iniciativa. Con los demócratas sucedió lo contrario; aplaudían mi oposición a la iniciativa, pero les enojaba que apoyara al gobernador. Ésta fue la primera de varias veces que me vi sola, por estar del "lado equivocado" de un problema. La división era tan fuerte que se dificultaba cada vez más tener una conversación normal con alguien. Pero sola me fortalecí.

Llegué a la conclusión de que, a pesar de la Propuesta 187, el gobernador era el candidato preferible. Había presenciado directamente la habilidad con la cual confrontó los retos fiscales del estado. Las políticas que echó a andar ayudaron a sanear la economía de California. Esto, aunado a otras consideraciones, me llevó a creer que merecía la reelección. No obstante, apoyarlo no significaba que, en cualquier circunstancia, podía apoyar algo como sacar a los niños de las escuelas porque no tenían documentos.

En mi opinión, los niños no debían ser materia de debate político. Los comerciales que transmitían en apoyo a la Propuesta 187 eran de lo más despreciables. Filmados en blanco y negro (supuse que en un intento de darle seriedad al documental), hacían el paneo en un salón de niños, obviamente latinos. El mensaje no tan subliminal era que *esos* niños no debían recibir educación financiada por los contribuyentes. Como madre que veía este comercial, se me dificultaba encontrar algo más ofensivo en ese nivel tan profundamente personal.

Unos días después, me pidieron que asistiera a una junta con personas de la campaña de reelección del gobernador. La junta se celebraría después de horas hábiles en la oficina principal en Sacramento. Necesitaban todo el apoyo que pudieran encontrar. California aún lidiaba con las consecuencias de una de las recesiones más difíciles en la historia reciente y se esperaba que la campaña de reelección fuera un desafío. Yo era una de varias personas latinas convocadas para hablar del anuncio reciente del gobernador en apoyo la Propuesta 187; el plan era que la campaña a favor de la Propuesta estuviera en pleno desarrollo durante las últimas seis semanas anteriores a la elección. La junta se hizo para escuchar nuestras opiniones y pedir nuestro apoyo.

Muchos latinos designados se presentaron. El equipo del gobernador nos informó de la campaña de reelección: cuál era la posición del gobernador, las encuestas, la oposición, etcétera. Podía ver en el rostro de mis colegas que ésta era una junta difícil. Cuando me preguntaron mi punto de vista, simplemente declaré mi total apoyo a la reelección del gobernador, pero que eso no significaba que apoyara la Propuesta 187. El equipo del gobernador me comprendió.

El camino a través de un campo minado político

A medida que la campaña para la reelección del gobernador seguía caldeándose, dos fuerzas chocaban continuamente entre sí. Había una línea muy marcada: o estabas a favor de la Propuesta 187 y la reelección del gobernador, o estabas en contra de ambas. La zona indefinida a cualquier lado de esta línea estaba salpicada de minas políticas.

Un día, una mujer que era miembro influyente del partido demócrata se reunió conmigo y afirmó que el gobernador no era el candidato adecuado para la comunidad latina. También dijo que la aprobación de la Propuesta perjudicaría mucho a nuestra comunidad. Pidió que renunciara a mi afiliación partidista y apoyara al opositor al gobierno durante una conferencia de prensa que estaba próxima. Si lo hacía, podría llegar a ser miembro de la Asamblea Legislativa en la primera elección posible. Parecía tener planeado todo mi futuro político.

Lo que sugería me dejó en estado de *shock*. Necesité unos momentos para contestar. "No sólo no quiero saber nada de esto, incluso me ofende que me haya hecho el ofrecimiento." ¿Qué la hizo creer que siquiera analizaría tal acción? Le recordé cómo el gobernador había hecho todo lo que yo esperaba por mejorar la vida de las personas con discapacidades, y eso incluía también a los latinos.

Abruptamente puse fin a nuestra conversación: "Me voy a casa y olvidaré que tuvimos esta conversación. No pensaré ni un segundo lo que me pidió hacer".

"¡Ya verá!", dijo. "¡De mi cuenta corre que nunca llegue más allá de su insignificante ayuntamiento!"

Y ése era apenas un campo con minas... ¡bam!

Cuando llegué a casa, de inmediato le conté a mi esposo lo sucedido. Lo que más me inquietaba era la impresión que debieron tener de mí si pensaban que me plantearía convertirme en renegada.

"No puedes culparlos por el intento", dijo. "Es política y saben que muchas personas no dejarían pasar la oportunidad de la autopromoción."

Entendí lo que quería decir. Recordé las palabras de Joe: "Nunca tomes personalmente las cosas de la política".

"Su único error fue elegirte a ti", concluyó Alex.

9. El beso de Judas

Mientras continuaba la contienda para la gubernatura, me enfrenté a mi primera traición política. Empecé a recordar cuando volví de Sacramento para buscar mi primer puesto de elección y mi compañera de casa dijo: "En la política no confíes en nadie, ni siquiera en mí". Lo señaló con la contundencia que ahora sé es producto de la experiencia. La afirmación me sentó como una patada en el estómago. Cómo no confiar en ella si compartíamos la casa. Como persona confiada que soy, nunca sufrí la paranoia de temer las puñaladas por la espalda. Conmigo partes de 100 por ciento y tú decides cómo vas bajando.

Lamentablemente, la advertencia de mi compañera de casa resonó en mis oídos más veces de las que quiero recordar, cuando las personas a las que inicialmente creí mis amigos se mostraron tal cual eran en realidad. Nada constituye una mejor lección que cuando te traicionan por primera vez. Al tener en tan bajo concepto a la persona que me traicionó, decidí no mencionar su nombre. En algunas partes de México, uno nunca pronuncia el nombre de un difunto. En mi opinión, esta conducta traicionera fue tan vil que para mí el sujeto está muerto. Además, ¿por qué manchar mi libro?

Debido a las diversas reelecciones y a la muerte de un miembro de larga trayectoria en el ayuntamiento, los latinos se convirtieron en la mayoría (cuatro de cinco) por vez primera en 1994. Esto debió suceder mucho antes en una ciudad cuya población es latina casi en su totalidad. Todos estábamos muy concientes de nuestros deberes para con los ciudadanos y entusiasmados con decretar un cambio real. Nuestra primera acción fue tratar de resolver los problemas de los delitos que habían acosado a la ciudad por tanto tiempo. Los tres éramos inseparables: si veían a uno de nosotros en una solemne inauguración, un acto político o cualquier otra función, nos veían a todos.

Por supuesto, como miembros del ayuntamiento teníamos que acatar las leyes sobre las asambleas abiertas al público, como la Ley Brown, que impide a la mayoría de los miembros del consejo lograr un consenso antes de celebrar las sesiones. Si dos tratábamos un asunto, ninguno podía tocar el tema con un tercer miembro antes de la asamblea oficial del consejo. Teníamos que asegurarnos de presentar nuestro tema, analizar, deliberar y votar en público. Tomamos esta regla seriamente y seguimos el protocolo. Desde luego, como constituíamos la mayoría, era frecuente que hubiera cuando menos tres de cuatro votos a favor de lo propuesto; esto hacía que la legislación avanzara rápido por el proceso.

El cargo de alcalde de Huntington Park, a diferencia de cómo sucede en algunas ciudades más grandes, no es de elección popular. En cambio es un puesto rotatorio anual que requiere tres de los cinco votos de los miembros del consejo con un alcalde temporal (*pro tempore*, en esencia un "vicealcalde"), candidato que se convierte en alcalde al siguiente año. Inmediatamente después de prestar juramento, el consejo votó para que yo fuera alcaldesa temporal. El alcalde empezó a presentarme no como temporal, sino como la próxima alcaldesa de la ciudad. Esto era algo fuera de lo común. Incluso llegó a decir: "Rosario será la primera alcaldesa en la ciudad de Huntington Park". Cada vez que escuchaba estas palabras, mi corazón latía de prisa. Desde luego, me sentía halagada, honrada porque iba a hacer historia. Era sólo cuestión de aguardar la sesión para reorganizar el consejo, que tendría lugar hacia el final del mandato del alcalde en turno, y llegaríamos a un punto significativo.

Al acercarse el momento, la agitación fue evidente durante una reunión en Quota Club (un club de servicio para mujeres) donde el rumor era la esperanza de tener la primera alcaldesa. Pedí a mis amigas que vistieran de rosa en la asamblea del ayuntamiento donde se anunciaría mi nueva función. Yo también vestiría de rosa entre los trajes oscuros del ayuntamiento. Se haría sentir el poder de la mujer en la política.

Un par de semanas antes de la elección, estaba preparando las elegantes invitaciones en rosa para la asamblea del consejo donde, oficialmente, me convertiría en alcaldesa. Quería que todos mis amigos y mi familia estuviesen presentes en ese momento histórico. Estaba a punto de terminar de pegar los sobres, con dos torres inclinadas en espera de que pusiera las estampillas, cuando me paré a llenar mi tarro de café. Tomé el diario local y empecé a hojearlo tranquilamente. Con gran interés comencé a leer un artículo relativo al ayuntamiento. Me topé con una línea que releí varias veces. Fue algo en que se daba a conocer lo siguiente: "La ciudad se reorganizará en la próxima asamblea de consejo donde la pregunta es: ¿quién será el próximo alcalde de la ciudad de Huntington Park?"

¿Qué quería decir con *quién?* No había duda de quién sería. Desde luego *yo*. Sabía que el reportero llevaba cierto tiempo cubriendo la política local. ¿Estaba en la luna? Sentí un ardor en la mano derecha. ¿Me estaba dando un infarto? No, pero mi mano temblaba e hizo que el café caliente escurriera por mi brazo. Me calmé antes de marcar al celular de Raul. "¿Leíste el periódico de hoy?", empecé la conversación sin siquiera saludar. No lo había hecho. Le leí los renglones que me inquietaron. "Voy a hacer algunas llamadas", dijo. Por el tono de su voz pude advertir que estaba tan desconcertado como yo.

Más tarde, Raul vino en su coche y me subí. Nos dirigimos a un acto de la Liga de Ciudades Californianas.

"¿Qué está pasando, pues?", pregunté cuando se detuvo en el semáforo y volteó a verme.

"Nuestro *amigo*, el alcalde, no va a votar por ti", dijo.

Al instante sentí un mareo.

"Oríllate, Raul", exclamé. "¡Me parece que voy a vomitar!"

Me sorprendió mi reacción visceral ante la noticia. Sentí como si me hubieran envenenado.

"Respira hondo, Rosario", dijo Raul en un intento por tranquilizarme.

"Esto no tiene sentido", continué. "Apenas la semana pasada me presentó como la primera alcaldesa y ahora, ¿ni siquiera vota por mí?", estaba impactada. ¿Cómo podía el alcalde hacerme esto a mí, a nosotros, a la comunidad? Las últimas semanas pasaron fugazmente por mi memoria. ¿Me había equivocado en algo?

"Verás, lo conozco desde hace muchos años y a veces se comporta en forma extraña", dijo Raul. "Sin ton ni son hace cosas imprevisibles".

Tenía muchísimas preguntas y ninguna respuesta: quería una explicación. Yo repetía una y otra vez: "¡No puede hacer esto! ¡Es vergonzoso!"

Simplemente no podía conciliar todas las acciones anteriores del alcalde con las actuales, no cuadraban. ¿Qué clase de hombre era que no podía decirme si tenía inquietudes respecto a mi selección? ¿Por qué hablaba primero con la prensa?

"Si no vota por mí", me di cuenta de que estaba sollozando, "¿por quién va a votar?"

"Supongo que será por el único anglo del consejo."

"Pero se odian", dije. "¿Cómo puede el alcalde pensar en que ese individuo sea alcalde de nuevo?"

Toda la situación carecía de sentido. ¿Por qué el alcalde quiere que la ciudad retroceda en vez de avanzar? Si iba a apoyar al alcalde previo, cuyas políticas demostraban obviamente una falta de comprensión del cambio en la composición demográfica de la ciudad, entonces retrasaría el reloj del progreso.

Yo no estaba en condiciones de asistir a la función social a la cual nos aproximábamos. Sintiéndome totalmente vulnerable, pedí a Raul que me llevara a casa. Necesitaba tiempo para tomar el control de mi siguiente plan de acción. ¿Debería confrontarlo? ¿Debería hacer que alguien hablara con él en mi nombre? Aunque quisiera hablarle, lo más probable es que él ya lo hubiera hecho con otro miembro del consejo y, debido a la Ley Brown, no podría conversar conmigo.

Estaba muy mareada cuando entré a casa. Le conté a mi esposo la noticia y no daba crédito a lo que escuchaba. Miré la pila ordenada de invitaciones; no quería ni verlas, de modo que las llevé al garaje. Allí se quedaron por meses antes de que me animara a tirarlas a la basura.

Tan pronto como me calmé un poco, decidí llamar a Jim McDowall, uno de mis amigos más leales quien, tristemente, ya falleció. Era una persona que sabía escuchar a la perfección. Veía mi situación a distancia y podía ser objetivo en cuanto a las medidas que yo debería tomar. Después de resumir lo sucedido, el siempre sagaz Jim habló: "Me parece que te engañaron, querida. Este tipo no es hombre y mucho menos un caballero. No ha mostrado integridad y, evidentemente, no es tu amigo. ¡Bienvenida a la política!"

"¿Pero qué debo hacer ahora, Jim?", pregunté. "No puedo ir a la asamblea del ayuntamiento."

Jim me pidió que escuchara e inició un monólogo por el que estaré eternamente agradecida; era lo que necesitaba oír.

"Ay no, querida, estás dolida y eso nubla tu entendimiento. Estás por encima de él porque tienes integridad. No hay nada de lo que debas avergonzarte, ya que no hiciste nada malo. Lo más probable es que se sienta amenazado por ti y esta es la forma perfecta de sentirse superior."

"Pero, Jim", interrumpí, "¿qué debo hacer?"

"Déjame terminar lo que necesitas oír. ¿Quieres saber lo que harás? Pasarás el trago amargo en público y lo harás con clase. Vas a repletar la sala con todos tus amigos y familiares. Todos seremos testigos del momento en que te dé la puñalada trapera."

"¿Y bien?", pregunté. Me conmovió que fuera a volar desde Sacramento para apoyarme.

"Sí, por supuesto estaré allí para acompañarte y cerciorarme de que tomes tu grave derrota con dignidad. Te garantizo que todos sentirán rabia cuando se den cuenta de cómo te trata tu pseudo amigo. Saldrás avante de esa sesión si la enfrentas con la cabeza bien alta y no lloras."

"No lo sé, Jim", repuse.

"No me malinterpretes; será difícil, pero puedes hacerlo", dijo. "Estaré allí durante todo el acto circense. Créeme, saldrás fortalecida de esto."

Después de colgar el teléfono tuve mucho que reflexionar. Resultaba difícil pensar en pasar por todo lo que sugirió. Ni siquiera sabía de dónde sacaría la energía para levantarme; mucho menos para ser el hazmerreír de la ciudad. Mientras tanto, mi consultor político entendía lo que estaba sucediendo y lo indignaba. Decía que una vez que las personas se habían dado cuenta de las intenciones del alcalde, empezaron a llamar a su oficina en un intento por hacerlo cambiar de opinión, sin ningún éxito. No sólo era terco, sino que tampoco daba explicaciones.

Mi teléfono sonó sin cesar la noche del domingo, en vísperas de la asamblea del consejo el lunes. Parecía como si todos quisieran darme su opinión sobre los hechos que inevitablemente se desarrollarían al día siguiente. No podía creer lo que escuchaba cuando una voz masculina en el otro extremo de la línea me ofreció su solución: "Escuche, quiero que esta noche llame al alcalde y se muestre servil. Prométale lo que él quiera. Si tiene que arrodillarse y rogar que le dé el puesto, hágalo. Poner de nuevo a ese otro tipo como alcalde será bochornoso para nuestra ciudad y la comunidad". Traté de mantener la compostura lo mejor que pude. Le dije en tono cortés que ni siquiera pensaba llamar al alcalde, mucho menos hacer lo que describía. Entonces fue cuando encontré un lugar de paz en mi interior.

Desde luego, estar tranquila respecto a la situación no significa que no me doliera la traición. Sin embargo, me di cuenta de que podía hacer muy poco. No iba a infringir la ley hablando con un tercer miembro del consejo. No suplicaría que me dieran el puesto, perdiendo mi dignidad en el proceso. ¿Por qué alimentar la obsesión del alcalde por el poder? Su necesidad de sentir que tenía el control era tan fuerte que le nublaba el juicio; buscaba su conveniencia al dividir al consejo y cerciorarse de que tenía el poderoso voto que inclinaría el resultado. Después de analizar completamente su conducta, sentí lástima por él, pero nada de compasión.

El temido día llegó, como ya sabía que ocurriría. Seguí el consejo de Jim e invité a todos mis conocidos para que atestiguaran el que sería uno de mis momentos más desagradables en la política. Para mí tenía un gran significado que Jim viniera de Sacramento. Al verlo, hice el esfuerzo de dibujar una sonrisa. Me dio una palmada en el hombro y dijo: "Vine al entierro del César". Me reí y sonreí; siempre podía contar con Jim por su preciso sentido de la comedia en situaciones de mucha tensión.

Conservé esa sonrisa cuando tomé asiento en la sala consistorial. Miré hacia los asistentes y vi muchos rostros conocidos: familiares, amigos y colegas. Sabía que estaría bien, aunque en mi estómago sentía otra cosa; por fin entendí el significado de la expresión "tener un nudo en el estómago". El alcalde subió al podio e hizo su anuncio: no sólo se ponía en mi contra, sino también contra una de sus amigas a la que algunos pensaron que apoyaría. Escuché una exclamación colectiva cuando por fin declaró que apoyaba para ser alcalde de nuevo a un hombre a quien en su día manifestó odiar. Pude ver que una especie de ola de perplejidad recorría los rostros de los concurrentes. En la mente de muchos todavía estaba fresco el recuerdo del alcalde presentándome por la ciudad como la próxima ocupante del cargo, la primera alcaldesa. La comunidad estaba indignada y necesité todas mis fuerzas para reprimir mis verdaderas emociones.

Me llegó el turno de hablar. Aclaré la voz y con toda la dignidad de la que fui capaz, leí la declaración que Jim me ayudó a redactar. Me aseguré de subrayar que todos debemos trabajar juntos para mejorar nuestra ciudad, sin considerar quién ocupe el poder. De algún modo las palabras seguían saliendo de mi boca, mientras me concentraba en no perder el control. Después de terminar, sin llorar, vino el aplauso, a pesar del sentimiento de derrota presente en la sala.

Al terminar la asamblea, el número de personas que se me acercaron para decirme lo orgullosas que estaban de mí, superó por mucho al de quienes felicitaron al nuevo alcalde. En ese momento recordé un poema que aprendí cuando estudiaba en México. Se llama *A Gloria* y la parte aplicable dice: "Pueden quitarme el triunfo, pero no la gloria". Al ver el giro de los acontecimientos supe que esa frase era real. Para algunos, esto pudo haber parecido un triunfo, pero sin duda no había gloria en aquello que iba en contra de los deseos de la mayoría. Para seguir adelante, tenía que enfrentarme valientemente a mi decepción y, lo que es más importante, proteger la imagen de la ciudad. Sabía que mi reacción ante estos acontecimientos guiaría en parte la respuesta de la comunidad.

Un reportero llamó al día siguiente en busca de la primicia. Me confesó que él también se preguntaba por qué el exalcalde había actuado de esa manera. Por qué, con la oportunidad de hacer historia con la primera alcaldesa, eligió hacerlo en forma diferente.

"Así que debe estar de lo más indignada", dijo el reportero. "¿Tiene idea de por qué el exalcalde optó por no apoyarla?"

Intuí que estaba buscando una historia sensacionalista. Probablemente supuso que me encontraba en un estado vulnerable y le proporcionaría algo "sabroso" que publicar. No importa cuánto insistieran, no iba a atacar al exalcalde o al nuevo.

"Por supuesto, estoy desilusionada por las acciones del alcalde", dije casi sintiendo la expectativa al otro lado de la línea. "Sin embargo, no puedo especular sobre los motivos que tuvo para actuar así. Tendrá que preguntarle directamente a él."

El reportero parecía desilusionado cuando terminó la entrevista. Me negué a generar una atmósfera circense en el consejo. Había presenciado algunos espectáculos en las salas de las ciudades circundantes y estaba decidida a que no sucediera lo mismo en la nuestra. Mi decepción no mancharía la reputación de nuestra ciudad. Aprendí una lección valiosa: hay fuerzas cuyas consecuencias a menudo son más importantes para mí. Esta sería la primera de muchas veces que aprendería a retirarme de una situación a fin de comprender qué era lo importante en realidad.

Para tener la mente en paz, supe que con el tiempo tendría que obtener algunas respuestas del exalcalde. Dejé que transcurrieran unas semanas antes de llamarle.

"Muy bien, ahora que ya todo terminó, ¿me puedes decir por qué decidiste no votar por mí?", pregunté. Tosió y pude oír la vacilación en su voz.

"Son tres los motivos", dijo.

"Te escucho", dije.

"¿En realidad quieres entrar en esto, Rosario?"

"Sí, en realidad sí quiero", fue mi respuesta firme.

Me explicó, más o menos, que yo había dejado que el posible cargo de alcaldesa se me subiera a la cabeza. El segundo motivo era que temía que yo usara el cargo como posición ventajosa para obtener un puesto más alto. El motivo final fue que sencillamente no estaba preparada para ello.

Me quedé en silencio mientras procesaba sus razones. Estaba aun más atónita que antes de preguntarle. ¿Cómo podía decir todas estas cosas después de que originalmente me apoyaba? Nunca pedí ese tipo de reconocimiento. En segundo lugar, nunca le mencioné a él ni a nadie más que buscaría un puesto más alto, porque no era así. Pese a quien le pese, todos tenemos el derecho a buscar un puesto más alto. Está bien, por alguna razón estaba sacando estos motivos de la nada, pero su último argumento —que yo no estaba preparada— fue ofensivo en verdad. No entendí qué lo autorizaba a juzgar mi experiencia si él era maestro. Curiosamente, nunca hubo un cuestionamiento de su preparación y sus méritos para el puesto.

Pude haber llenado el silencio que se produjo del otro lado de la línea con el resumen de mi currículo: trabajé en un banco, fundé una organización no lucrativa y ayudé a modificar las leyes del estado trabajando para el gobernador. Además, ambos sabíamos que sus motivos eran un verdadero disparate. Siguió hablando sin parar de esto y de lo otro, dejando en claro que era cierto lo que Jim había pensado: este tipo sentía que yo era una amenaza para él. La única manera en que podía impedir mi triunfo (y sentirse superior) era negándome el puesto de alcaldesa. Yo lo sabía y él también.

Antes de colgar, le dije: "Espero que estés muy orgulloso y que te sientas satisfecho de tu decisión. Espero que haya valido la pena y que puedas dormir en la noche".

"Sin duda podré dormir esta noche", dijo con voz temblorosa.

Después de eso, no pude volver a hablar con él más de unos minutos. Me aseguré de actuar siempre con profesionalismo al tratar los asuntos de la ciudad con él, pero nuestras interacciones se redujeron al mínimo. Con tristeza, donde alguna vez hubo "tres mosqueteros" que lograban cosas por la ciudad, ahora estaba un ayuntamiento dividido que muchas veces no estaba de acuerdo en la solución a los problemas. Y luego, desgraciadamente, mi querido amigo Raul falleció en octubre de 1995. Su pérdida fue devastadora. Todo el consejo se alteró. Donde los latinos fuimos la mayoría, ahora yo era el único voto en contra. Todos los sueños para nuestra ciudad se desmoronaban. La persona que ocupó el lugar de Raul fue decidida por el tercer voto del alcalde en turno (no me sorprendió). Algunos miembros se preocupaban más en cerrar tratos para sus amigos que en crear un cambio real. Al presenciar esto, en el fondo escuché las sabias palabras de mi abuela: "No hay mal que dure 100 años ni enfermo que lo aguante". Dicho de otro modo, esto pasaría.

Y así fue, pero no antes de aprender otra lección valiosa. Llegó el momento en que el exalcalde y el alcalde en turno buscaban la reelección. Esta vez se enfrentaban entre sí. Los mensajes de ambos se reducían a lanzarse acusaciones de que no eran aptos para la reelección. Era el momento de los apoyos y yo, guiándome una vez más por lo que era mejor para la ciudad, no sin vacilar, opté por apoyar al hombre que me había traicionado. Me resigné a elegir el menor de dos males.

La respuesta a mi apoyo fue la incredulidad. Muchos cuestionaron por qué apoyaba a alguien que fue injusto conmigo; pensaban que no merecía mi respaldo y que lo mejor que yo podría hacer era negárselo y evitar que regresara al consejo. Sin embargo, en mi fuero interno sabía que las políticas del otro sujeto tampoco eran buenas. Si lo reelegían, sería porque reconocían el nombre que tenía por llevar largo tiempo como miembro del consejo. Al final, quien me traicionó fue reelegido como alcalde.

Viendo hacia atrás, tal vez me guió el viejo dicho de que el menor de dos males sigue siendo un mal. Debí haberlo sabido y, con lo que sé ahora, me hubiera quedado al margen de la contienda. En ese momento, pensé que él había aprendido de sus errores, que si tuviera la oportunidad de retractarse, lo haría.

Durante el siguiente ciclo de su reelección hice lo mismo: apoyé la reelección de quien me traicionó. Sin embargo, la dinámica de esta campaña fue muy diferente, ya que era el único miembro del consejo que buscaba la reelección. El otro miembro (y exalcalde) con una actitud prudente no quiso reelegirse, porque sabía que no ganaría; había hecho algunos comentarios controvertidos que insultaron a la comunidad de una ciudad donde el perfil demográfico sufría notables cambios. Muchos miembros de la comunidad, incluidos los de la Legislatura de California, interpretaron sus observaciones como racistas y pidieron su renuncia.

Como había procedido en el pasado, hice lo indecible para que triunfara la persona a la que apoyaba, en este caso otra vez aquél que me traicionó. Era habitual en el consejo que el alcalde ocupara el cargo dos años seguidos. Ahora era mi turno de buscar el cargo de alcalde un año más. Mi traidor otra vez decidió no votar por mí. En esta ocasión, no hubo dolor ni decepción. Estaba en una paz total conmigo misma, consciente de que siempre antepuse lo mejor para la ciudad, a mi dolor o mi deseo de venganza. Para mí, el hombre era un pobre

Septiembre de 1959. Aquí tengo un poco más de un año.

Agosto de 1973.
Mi fiesta de 15 años.

1981. Alex y
yo en nuestra boda.

1985. Embarazada de Eric.

Septiembre de 1989. Es nuestro aniversario, embarazada de Carmen.

1991. Eric y yo, cuando él tenía seis años.

1991. ¡La familia está completa! Alex W. estaba recién nacido (lo tengo en el regazo).

1995. Mi familia y yo en la ceremonia del premio Rose Fitzgerald Kennedy. Eunice Kennedy Shriver aparece a mi derecha (al centro).

1998. Disfrazados para *Halloween*.

Enero de 2001. Alex y yo en la primera toma de posesión del presidente George W. Bush.

Agosto de 2001. El secretario Paul O'Neill me toma el juramento como tesorera de Estados Unidos.

Agosto de 2001. Amigos y familiares de California me acompañan en Washington D.C. para mi juramento.

2001. Ceremonia de los primeros dólares que se imprimieron con mi firma. En la fotografía aparezco con el secretario Paul O'Neill.

Marzo 2002. Mi familia y yo visitamos a Vicente Fox, presidente de México, en Los Pinos.

Julio de 2003. Fotografiada con mi familia, el presidente Bush me despide al final de mi periodo como tesorera de Estados Unidos.

amargado que no podía evitar serlo. No le tenía lástima. Había aprendido la lección: aquél que te traiciona una vez, sin duda lo hará dos veces.

Toda la experiencia me recordó la historia del niño indio al cual, para comprobar que ya ha llegado a la edad adulta, le dan la encomienda de recolectar un manojo de flores que sólo crecen en la cima de una montaña escarpada. El niño, con la esperanza de que lo consideren hombre, sabe que esta tarea es muy peligrosa, pero no decepcionará al jefe de la tribu. Sale decidido hacia la cumbre de la montaña y, después de varias duras pruebas, por fin recolecta las flores. Cuando se prepara para descender, ve a varios metros de distancia a una serpiente que se retuerce de dolor. La serpiente le suplica que la baje de la montaña para pedir ayuda. Al principio, el niño se niega diciendo: "Eres una serpiente, una picadura me puede matar. Estoy muy cerca de hacerme hombre y no puedo correr un riesgo como ése". La serpiente sigue contorsionándose: "Si me dejas aquí sin duda moriré. Te prometo que, aunque sea serpiente, no te picaré. Por favor, apiádate de mí". El niño duda un poco más y luego hace que lo prometa por última vez antes de meterla a una bolsa. Luego sigue su sendero montaña abajo, con la emoción de llegar a ver al jefe de la tribu.

Después de unas horas, finalmente llega al pie de la montaña y ve la sonrisa de satisfacción del jefe. La serpiente se da cuenta de que llegaron al final de la jornada y le pide que la deje salir porque le cuesta trabajo respirar. El niño se agacha para dejarla en libertad. La serpiente de inmediato saca la cabeza y encaja los dientes en el brazo del niño.

"No comprendo. ¿Cómo me haces esto después de que te bajé de la montaña? ¿Qué pasó con tu promesa?"

Cuando la serpiente se desliza para alejarse, dice: "Cuando me recogiste sabías que era una serpiente".

La lección que aprendí: una serpiente siempre será una serpiente.

El gobernador Wilson va a Huntington Park

En el ámbito estatal, el gobernador Wilson fue reelegido y la Propuesta 187, tan impugnada, fue aprobada y produjo una ola de devastación entre la comunidad hispana. Los inmigrantes indocumentados se volvieron chivos expiatorios en una amplia serie de problemas no relacionados entre sí. Aun cuando de inmediato fue impugnada en el tribunal por ser inconstitucional, muchas familias latinas dejaron de mandar a sus hijos a la escuela. Los hospitales y los médicos evitaban recibir pacientes que no pudieran comprobar su situación legal. La lista de atrocidades proseguía. Nuestra comunidad en Huntington Park estaba a punto de estallar de desprecio, desconfianza e ira. Aunque yo había apoyado la reelección del gobernador, me afligían los efectos que su Propuesta 187 tenía en la comunidad.

Aunque no tenía relación con la aprobación de la Propuesta, la violencia de las pandillas en Huntington Park tuvo una escalada tal que se salió de control. La chispa que encendió la situación en los medios de comunicación se produjo la noche de Halloween en 1995. Los disparos hechos desde un vehículo segaron la vida de una joven latina llamada Erika Estrada, que estaba sentada en el porche de su casa. Nuestra ciudad empezó a ocupar los encabezados de la prensa, pero por razones equivocadas. Yo siempre estuve al frente de la lucha contra las pandillas, pero era obvio que ellos iban ganando. En ese momento, el gobernador propuso una legislación para hacer frente al crimen, aunque necesitaba un lugar en California para lanzar la iniciativa que implementaría medidas cautelares civiles en contra de los pandilleros. Yo supe lo que necesitaba hacer. Invité al gobernador a nuestra ciudad con la esperanza de que su llegada resaltara la situación crítica y atrajera recursos.

Mi invitación produjo una respuesta inmediata de la comunidad. Por un lado, muchos estaban cansados de la violencia pandilleril y veían la visita del gobernador como una ayuda posible. No obstante otros, como los líderes latinos y los medios, mostraban incredulidad de que hubiera invitado al hombre que promovió la aprobación de la Propuesta 187. Los programas radiofónicos reprobaban que invitara al "diablo" a nuestra ciudad. Durante una entrevista de radio, la presentadora me preguntó a quemarropa si estaba loca por recibir al gobernador en nuestra ciudad. Le contesté sin rodeos: "Me opuse a la Propuesta 187 pero, nos guste o no, la aprobaron los votantes, hasta que los tribunales decidan otra cosa. Sin embargo, lo más importante es que la Propuesta aún no mata a nadie, mientras que las pandillas siguen haciéndolo. Si el gobernador quiere venir y ayudarnos a resolver este problema, estaremos agradecidos". La conductora aceptó mi argumento a regañadientes, pero aún no estaba de mi lado. Esta fue una de las muchas conversaciones que tuve con la comunidad para explicar cómo podíamos oponernos tanto a la Propuesta 187 como a la violencia pandilleril.

Una vez que el gobernador decidió que sería en Huntington Park donde lanzaría la iniciativa contra el crimen, comencé a escuchar rumores de que acudirían manifestantes al acto inicial. Hubo llamadas que me sugerían desistir de la invitación. Me sentí angustiada porque no quería que la controversia de la Propuesta 187 eclipsara la grave necesidad de enfrentarnos al problema con las pandillas. Ambos eran asuntos importantes, pero la muerte de niños de nuestra comunidad era una preocupación más inmediata. Sin embargo, otros opinaban de manera diferente. Un miembro del consejo de una ciudad vecina vino a mi oficina y exigió que lo escuchara.

"Escuche m'ijita, en realidad me agrada y creo que tiene un futuro prometedor", dijo, haciéndome un gesto de advertencia con el dedo, "pero se lo digo aquí y ahora y es mejor que me escuche con atención. Si trae a ese diablo a donde está la raza, su carrera política está acabada".

Me tomó un momento recobrar la compostura después de ese ataque verbal.

"Sabe, tiene toda la razón", dije. "Si sólo me preocupara mi carrera política, no lo invitaría a venir y ni siquiera me tomaría una fotografía con él."

"Así que sabe qué debe hacer", dijo.

"Sí, lo sé", respondí. "Debo ser el tipo de miembro del consejo que no antepone su carrera política a la vida de los niños."

"Tiene tanto que aprender", afirmó.

"Eso puede ser cierto, pero si no consigo la reelección al final de mi gestión, por lo menos sabré que hice todo lo que pude para garantizar que nuestras calles sean más seguras."

"Bueno, ya está avisada", dijo y a continuación salió de mi oficina.

Estoy convencida de que si uno es consecuente con sus convicciones y sincero con las personas respecto a las mismas, entonces puede ganarse el respeto de sus enemigos. Cuando el hombre salió de mi oficina quedé con la esperanza de que, aunque no estuviera de acuerdo con mis acciones, hubiera aprendido que merezco su respeto.

Tardó un tiempo, pero lentamente nuestra comunidad empezó a dar un cambio total. La fuerza policíaca tenía una amplia capacitación y se le conoció como la más fuerte del área. Hubo una ofensiva eficaz contra las pandillas y los miqueros (vendedores de documentos falsos) que fue evidente no sólo en lo visual, sino también en las estadísticas de los porcentajes de delitos. Hubo un trabajo concertado para mejorar las escuelas y la calidad del aire. Si no me reelegían no había problema, porque podía descansar sabiendo que había hecho todo para proteger a mi comunidad.

Un par de años después, cuando me presenté para la reelección, todos habían escrito mi obituario político. No había manera de que como republicana, en particular alguien que trabajaba para el gobernador Wilson, tuviera posibilidades de permanecer en el consejo. Me convertí en un blanco fácil durante la contienda, ya que las cifras políticas no estaban de mi parte: era la única republicana entre nueve candidatos. Huntington Park fue también una ciudad donde había tres veces más demócratas que republicanos. Y, sin embargo, mi comunidad no se ocupó de las afiliaciones partidistas sino de las cifras que eran importantes: los porcentajes de delitos habían descendido y la ciudad era un lugar más seguro para vivir. No sólo me reeligieron, ahora era alcaldesa y la que más votos recibió.

Durante los siete años que trabajé en el ayuntamiento hubo muchos retos. Aprendí que la política local podía ser tan gratificante como desafiante, así como muchas lecciones valiosas que me sirven hasta el día de hoy. Sin embargo, nunca pensé que mis esfuerzos fueran observados a gran distancia por el gobernador republicano de Texas.

10. Atesorar las oportunidades

Fui una entre el puñado de personas invitadas por el partido republicano para saludar a George W. Bush, entonces gobernador de Texas, en el aeropuerto Hawthorne. Estaba de visita en California para anunciar oficialmente su intención de buscar la nominación republicana para la presidencia. Nunca olvidaré nuestra presentación.

"Señor gobernador, ésta es Rosario Marín, la alcaldesa de la ciudad de Huntington Park", dijo una mujer.

"Ah, ¡el alcalde!", dijo Bush.

Traté de frenarme, pero no pude evitar corregir su español. "No, creo que quiere decir la alcaldesa, que es el femenino de alcalde."

"Ah, la alcaldesa", repitió en tono burlón, sin titubear. Todos los que nos rodeaban se rieron.

Intercambiamos los cumplidos de rigor y al instante congeniamos. Era encantador y de un trato tan fácil que me hizo sentir como si lleváramos años de amistad.

Con el tiempo me convencí de que George W. Bush sería un gran presidente, en especial para la comunidad latina. La forma como se relacionaba con los latinos era auténtica, cálida y relajada, lo cual no era resultado del entrenamiento en los medios, sino de haber crecido en Texas, un estado colmado de colonias y barrios latinos. En su caso no todo era política. Después de investigar su postura frente a distintos problemas, me convenció.

Me inscribí como voluntaria y representante oficial para su campaña. Estaba familiarizada con los personajes clave en las campañas de California y ellos conocían mis credenciales políticas desde que había trabajado para el gobernador Wilson. No pasó mucho tiempo para que me invitaran a todos los actos de la campaña presidencial en California. Concedí más entrevistas a los medios latinos que cualquier otro representante en el país y pronto me conocieron como la vocera latina de la campaña. Cuando se impugnaron los resultados de la elección, fui la única persona de la campaña en quien confiaban para hablar con los medios latinos, aun sin ser abogada.

Considerando el pasado, no parece comprensible que pudiera ocuparme de tantas cosas a la vez. Además de ser miembro del consejo, trabajaba tiempo completo como gerente de asuntos públicos para el mercado hispano de AT&T en la región del sur de California. Y ahora tenía este nuevo puesto para ayudar en la campaña de Bush. Con la diferencia de tres horas entre la costa este y la oeste, algunas veces mi teléfono sonaba a las cuatro de la mañana y era alguien de la campaña. Luego necesitaba estar en un estudio de televisión para el noticiario de las 11 de la noche y con frecuencia llegaba a casa a la medianoche; todo eso en un solo día de trabajo. En medio de todo, trataba de pasar con mis hijos el mayor número de momentos robados. Les expliqué que iba a tener una fase de trabajo intenso. Era importante no rehuir estas exigencias del momento porque sabía que si Bush llegaba a la presidencia, daría más atención a las necesidades de la creciente comunidad latina, especialmente de los niños en edad escolar.

Esa fue la primera vez que tuve actividad a escala nacional; no tenía idea de que las personas que trabajan en las campañas presidenciales a veces terminan trabajando para la administración. Lo único que me interesaba era qué candidato ayudaría más a mi comunidad. Era mucho trabajo, pero casi nunca se siente tan pesado cuando te entregas en cuerpo y alma.

En retrospectiva, me doy cuenta de que hubo ciertos hechos que predecían un posible lugar para mí en la administración. Hubiera o no coincidencia en algunos de estos acontecimientos, ya fuera predestinación o ambas cosas, lo ignoro. Lo que sí sé es que cada hecho me hacía comprender mejor al futuro presidente. Un ejemplo fue la primera vez que me seleccionaron para saludarlo en el aeropuerto. La fila para saludar sigue una especie de orden jerárquico, siendo el funcionario de mayor rango (o de mayor importancia) el primero en saludar al invitado y así sucesivamente. Fui la novena de 10 personas. Siempre digo en broma que agradezco que haya alguien menos importante que yo. Y, no obstante, cuando terminó de saludar de mano a todos, se paró junto a mí y dijo: "Bueno, supongo que nos están esperando para comenzar la conferencia de prensa". Lo acompañé al lugar donde sería la conferencia. Dónde estaba en ese momento la primera persona en saludarlo, la más importante, no sé decirlo. Lo que sé es que yo estaba a la derecha de Bush. Si hubiese urdido circunstancias que tuvieran este desenlace, lo más probable es que no hubiera resultado.

Otro día, en el año 2000, asistí a la conferencia anual del Consejo Nacional de la Raza (NCLR) en el Centro de Convenciones de San Diego. El NCLR es la mayor organización latina nacional de derechos civiles y activismo en Estados Unidos; miles de personas asisten todos los años. Era un acto importante para que George W. Bush asistiera como candidato presidencial. Cuando llegó para pronunciar un discurso en la conferencia, yo estaba en los *stands* de medios, lista para hablar sobre mis reacciones con los reporteros. Mi amiga Leslie Sánchez coordinaba la respuesta de los medios latinos a la campaña e iba de un lado a otro en una actividad frenética. Cuando me vio me pidió que por favor bajara para asistir a una pequeña concentración que daba la bienvenida a nuestro candidato. Le dije que ya estaba en mi lugar y, señalándole mis zapatos de tacón alto, le expliqué que era un tormento andar dando vueltas. Me suplicó y me dio la impresión de que algo se había quedado a mitad de camino. Explicó que no había mucha gente reunida porque todos estaban en la conferencia: "Hay más cámaras que personas y la gente de la campaña quiere más público". Finalmente cedí y le dejé en claro que me debía un favor. Cuando iba hacia abajo vi a unos amigos y los acorralé para que fueran conmigo.

Al acercarnos al lugar donde se congregaba el grupo de bienvenida, observé que acababa de llegar George P. Bush (sobrino del candidato). Le dije: "¡Jorge!", en español, para llamar su atención. Volteó, me dio una gran sonrisa y me pidió que fuera con él. Lo había visto un par de veces durante los actos de campaña y siempre había sido un caballero. Al llegar al lugar, arribó la comitiva como si estuviéramos de acuerdo. Cuando George W. bajó del coche, localizó a su sobrino y le gritó: "Oye, P., ven acá". Con la mano nos llamó a ambos. Fui la primera persona a la que saludó, estrechó mi mano y con una sonrisa dijo: "Qué gusto volver a verla, alcaldesa". Había muchos fotógrafos y cada uno de sus movimientos era captado con suficientes watts para iluminar todo un poblado.

A la mañana siguiente, lo último que yo esperaba era estar en la fotografía de campaña que apareció ese día en todo el mundo. Para mi asombro, escogieron la misma foto para ilustrar la campaña de Bush en el *World Almanac*. Y yo ni siquiera tenía planes de estar ahí. Una vez más dudo que algo así se hubiera producido si yo lo hubiese buscado.

En una ocasión Bush (ya como presidente electo) invitó a un grupo de líderes latinos a Austin para elaborar un programa para la comunidad. Yo estaba en conferencia telefónica con uno de los participantes y antes de despedirnos dijo que esperaba verme en Austin dos días después. Le respondí que no iría porque no me habían invitado. Entonces me dijo que debía haber un error, porque él había visto la lista e indudablemente mi nombre estaba allí. Después de colgar, llamé a mi contacto en la campaña y pregunté cuál era la situación. Hubo una pausa y luego exclamó: "¡Válgame Dios!, Rosario, se suponía que yo te iba a llamar y pedirte que vinieras; lo olvidé por completo. ¿Puedes viajar por favor?" Le dije que haría mi máximo esfuerzo, pero tendría que cancelar citas y hacer arreglos para el viaje. Era una fecha muy cercana a Navidad y estaba ocupada con las actividades normales de la temporada. "Por favor, discúlpame. De verdad espero que puedas venir, sobre todo porque sé que mi jefe estará en verdad disgustado si no es así. Esto me causará muchos problemas."

Por suerte pude hacer el viaje. Cuando llegué, la época navideña había llevado temperaturas frías a Austin. En el lugar de la junta, colocaron en forma de herradura los asientos de piel que tenían etiquetas con los nombres y dos filas de asientos en la parte posterior. Como yo fui una de las últimas en responder a la invitación, empecé a buscar mi nombre cerca del fondo de la sala. Uno de los ayudantes me preguntó mi nombre y cuando se lo dije, añadió: "Ah, le toca por acá. Yo mismo coloqué su etiqueta". Lo seguí: en la primera etiqueta que vi se leía George W. Bush. Junto a su lugar encontré mi etiqueta.

El ayudante sonrió cuando vio mi cara de incredulidad. ¿Cómo era posible esto? ¿A quién tenía que dar las gracias? Conozco a personas de la política que recurren a toda clase de chanchullos para quedar en los lugares codiciados. Al día de hoy, no sé quién (si hubo alguien) dispuso ese asiento para mí. Algunas personas están convencidas de que ése fue el día en que el futuro presidente decidió que deberían pedirme que fuera la siguiente tesorera.

La junta dio inicio y a la larga me tocó el turno de hablar. Empecé con tranquilidad, pero pronto estuve inmersa en un discurso apasionado sobre la alarmante situación de los estudiantes latinos. ¡Hay que hacer algo, pronto! No recuerdo las palabras específicas que utilicé, pero sí recuerdo que Bush puso mucha atención a lo que yo decía. Cuando terminé me dio las gracias y, antes de llamar al siguiente orador, volteó a verme y dijo: "Nunca pierdas esa pasión".

Llegó el día de la elección, seguido de cinco semanas desgarradoras en que el país no sabía quién sería el próximo presidente. Después de que la Suprema Corte dio su resolución, mi esposo y yo fuimos invitados a la toma de posesión.

La mayoría de nuestros recuerdos de Washington no eran gratos, ya que giraban en torno a la visita a la doctora de Eric cuando sufría espasmos. Sin embargo, había llegado el día que yo había esperado con ansia desde el principio de la campaña. Era especial para mí porque modestamente había contribuido al éxito del presidente electo. Cuando vi que el presidente de la Suprema Corte de Estados Unidos le tomaba el juramento, me sentí humilde: allí estaba yo, una inmigrante en ese país, viendo cómo la historia se desarrollaba frente a mis ojos.

Después de las celebraciones volví a California, feliz y lista para regresar a mis actividades. A la vuelta me sorprendió que la gente me preguntara qué cargo buscaba en la administración. Por lo que a mí tocaba, me sentía satisfecha con el papel que había tenido en la elección y ahora consideraba que mi trabajo había terminado. Estaba concentrada en ponerme al corriente en el trabajo, tanto en el ayuntamiento como en mi puesto en AT&T. Fiel a mi naturaleza, me dirigí a trabajar.

Entonces vino la llamada telefónica.

En la línea estaba una mujer que se identificó como miembro del personal presidencial. Luego me hizo una pregunta que nunca olvidaré: "Señora Marín, ¿le gustaría que la tomaran en cuenta para el puesto de tesorera de Estados Unidos?" Le di una hojeada a mi calendario; no era día de los Inocentes. Quedé boquiabierta y traté de recuperarme rápido para responder. Sin mucha fortuna, traté de sonar coherente, pero hice una serie de sonidos incomprensibles que no podían interpretarse como palabras. No sabía en qué consistía exactamente el trabajo, pero si me consideraban apta para el puesto, ¿quién era yo para discutir? Por fin pude serenarme.

"Me siento muy honrada de que me haya llamado", dije. "De hecho, si no vuelve a llamar, ya me alegró el día, el año, la vida."

Se rió.

"Por lo general soy elocuente", dije respirando hondo, "pero en este preciso momento me quedé sin palabras. Tal vez esté usted cuestionando mi salud mental".

"No se preocupe, señora Marín. Comprendo el efecto que una llamada como ésta puede tener en alguien."

Empezó a hacer algunas preguntas e indicó que el proceso podría ser intimidante. "Si ha hecho algo malo, es el momento de confesarlo, porque lo descubrirán de inmediato."

"No hay problema", contesté. "He estado en dos campañas políticas y buscaron a fondo. Créame, mis opositores políticos ya hubieran sacado a relucir los trapos sucios."

Me dijo que este proceso sería aún más minucioso: incluiría una verificación extensa de antecedentes y la revisión de mis finanzas. Toda mi vida estaría bajo el microscopio.

"No tengo ninguna reserva", dije.

"Bueno. Sólo le pido que mantenga esta llamada como algo confidencial. Puede contarlo a su esposo e hijos, pero a nadie más, sin excepción."

Colgué el teléfono y empecé a caminar de un lado a otro, luego caminé un poco más y entré en un aturdimiento absorbente. Subí y bajé escaleras, una y otra vez. Mis hijos estaban en la escuela y mi esposo en el trabajo. Estaba sola en casa y ni siquiera sabía dónde empezar a desentrañar las preguntas; el entusiasmo excesivo no me permitía hacer planes detenidos. Qué oportunidad tan maravillosa y qué reto tan inesperado. ¿Y si realmente me convirtiera en tesorera de Estados Unidos? Sería un gran regalo. Lo que hacía todo mejor era que ni siquiera había buscado el puesto. Sí, había trabajado en la campaña, pero igual que otros miles. ¿Era posible que también estuviera escrito que esto sucediera? Recordé todas las coincidencias ocurridas en la campaña y todo parecía llegar al mismo tiempo.

A diferencia de otras personas, que sabían exactamente qué puesto pedirían si ganaba su candidato, yo ni siquiera quería mudarme a Washington. Trabajé en la campaña sin esperar nada a cambio, sólo sabía que George W. sería un gran presidente. Ahora sé que uno de los motivos por los que me ofrecieron el puesto es precisamente porque no pedí nada. Según mi amigo Raul Romero, el coordinador en la campaña para asuntos latinos, el presidente me eligió por mis logros y mi historia personal. Dijo que al presidente le agradaban las personas que la pasaron mal en sus comienzos y no son pretenciosas, sino modestas. El hecho de que yo no hubiera pedido nada comprobaba que no esperaba nada a cambio.

Finalmente dejé de caminar, tenía que hacerlo. Llamé a mi esposo al trabajo y prácticamente lo interrumpí antes de que pudiera terminar de saludarme. Le conté de la llamada telefónica de la Casa Blanca y cómo me tomaron tan desprevenida que acepté ser considerada para el puesto de tesorera de Estados Unidos. Mi esposo, como me sucedió en un principio al recibir la llamada, se quedó mudo. Luego me apabulló con una avalancha de preguntas que no pude responder. Le dije que la siguiente vez que tuviera comunicación con la Casa Blanca, me aseguraría de obtener algunas respuestas. Por supuesto, si es que volvían a llamar, considerando lo atolondrada e incapaz de expresarme que había estado.

Mi esposo se rió, diciendo que estaba seguro de que volverían a llamar. "Estoy muy orgulloso de ti", dijo. "Vamos a tener una larga charla cuando llegue a casa." Acepté; el mero pensamiento de todos los cambios hizo que la cabeza me diera vueltas.

Entretanto, me aseguré de no decir ni pío y no comunicar la gran noticia a mis hermanos, hermanas y mi mamá. Alex y yo hablamos de la llamada telefónica con nuestros tres hijos, haciéndolos prometer que no se lo contarían a nadie, ni siquiera a sus mejores amigos. Pensamos que era importante enterarlos lo más pronto posible de los sacrificios potenciales que supondría el cargo. Al terminar nuestra conversación, Carmen, de sólo 12 años, me recordó nuestro lema familiar: "A quien mucho recibe, mucho se le pide". Le agradecí el recordatorio y decidí que daríamos un paso a la vez.

Pasé muchas horas pensando qué significaba todo esto. Del mismo modo que cuando me nombraron para trabajar en la administración del gobernador Wilson, mi familia tendría que empezar una nueva vida. Sin embargo, esta vez sería a cinco mil kilómetros de nuestra casa y no sólo a 650. Habría que vender nuestra casa en Huntington Park para comprar una en Washington, D.C. Habría que sacar a los niños de su ambiente, igual que cuando yo tenía más o menos su edad y vine a Estados Unidos.

Qué rápido pasó el tiempo.

Con frecuencia teníamos reuniones familiares improvisadas. Una mudanza significaría que ya no tendríamos el sistema de apoyo del que gozábamos (y del que dependíamos). Nuestros padres iban envejeciendo y la idea de no estar cerca en caso de emergencia me preocupaba muchísimo. En el pasado busqué consejo para tomar esas decisiones profesionales radicales, pero ahora no podía hacerlo.

Aunque era difícil, seguí con mi rutina. Nadie tenía la menor idea de lo que estaba atravesando. Cuando la gente sugería que yo merecía un nombramiento dentro de la administración, me encogía de hombros y decía que no me correspondía a mí decidir. Mientras tanto, el proceso del nombramiento avanzaba sin complicaciones. Tuve una serie de entrevistas y continuaba el análisis de antecedentes. Transcurrió casi un mes antes de enterarme de que la Casa Blanca pronto haría el anuncio. Finalmente me autorizaron a decirlo a mi familia. Era importante para mí contarle a mi mamá antes de que hubiera un anuncio oficial, porque tenía un problema cardíaco. Fui a visitarla y charlamos un rato antes de decirle que el presidente iba a anunciar mi nominación como próxima tesorera de Estados Unidos.

"¿No es un puesto muy alto?", preguntó inocentemente.

"Sí, mamá. ¡Es enorme!"

"¿No sería mejor que te pusiera primero en algo un poco menor? ¿No será demasiado trabajo?"

Esto me hizo reír. "Mira, mamá, si el presidente piensa que puedo hacerlo, entonces debo ser capaz para ese cargo."

"Es que me preocupas, cariño", dijo.

"Ya lo sé, mamá, pero estaré bien", agregué.

Como madre, entendí lo que se proponía. No pensaba que yo no pudiera, sino que le inquietaba mi bienestar, lo que ese trabajo afectaría a mi familia y a mí. Daría un salto gigante en mi carrera y no estaría allí por si caía. Aquí estaba yo, una mujer hecha y derecha, tomada en cuenta para un puesto distinguido en la administración, y mi mamá sólo me veía como su niñita.

El día que hicieron el anuncio toda mi familia se había ido de campamento. Yo debí quedarme porque tenía que atender responsabilidades del consejo. Al hacer la narración de ese día, mi esposo dijo que mis hermanos querían darle mucho champaña a beber, con la esperanza de que aceptara que yo volviera a usar mi apellido de soltera o que cuando menos pusiera un guión en mi nombre actual. Sabían que con mi nuevo cargo venía el honor de que mi firma apareciera en todos los billetes estadounidenses. Alex dijo que ninguna cantidad de champaña sería suficiente para que él estuviera de acuerdo. Adopté el apellido de mi esposo cuando nos casamos y, en los últimos 20 años, todos me conocían como Rosario Marín, no Rosario Spíndola. No puedo culpar a mis hermanos. Explicaron que nadie creería que su hermana era la tesorera, pero si tenía el mismo apellido les ayudaría en su maravillosa jactancia.

Llegó una gran cantidad de buenos deseos de los amigos y conocidos, y de muchísimos lugares. A todas horas entregaban numerosos arreglos florales con lo cual mi sala parecía funeraria o florería. Eran tantos, que no tuve más alternativa que empezar a regalarlos a los familiares.

Mi comunidad estaba orgullosa de mí y supe que era un reflejo de ellos, podían verse en mí. Me conmovía hasta las lágrimas cada vez que jóvenes y viejos, ricos y pobres me expresaban lo orgullosos que estaban de mí. Estaba decidida a corresponder a ese orgullo.

Conservo un recuerdo particular. Unos días después del anuncio estaba comiendo en El Ranchito, un restaurante local, donde una vendedora de flores hacía su recorrido por el lugar. El gerente compró un ramillete y acompañó a la mujer a mi mesa.

"Sólo quería que usted supiera que este bello ramillete es para la próxima tesorera de Estados Unidos", dijo.

Cuando todos los comensales voltearon a vernos, no pude evitar ruborizarme.

"Ah, sí, oí hablar de ella en las noticias", dijo. "Ella es como yo, de Huntington Park."

Estreché su mano y se veía radiante.

"¡Qué bárbara! Una latina como yo. Me hace sentir tan orgullosa", dijo.

Fue entonces cuando me percaté de lo importante que sería para mi comunidad el hecho de ser la primer inmigrante que se convertía en tesorera.

Las siguientes semanas me plantearon un dilema interesante: a los nominados por el presidente no se les permite dar entrevistas respecto a sus nombramientos. Esto resultó difícil ya que hasta ese momento yo había estado todo el tiempo en los medios como vocera del gobernador Wilson, como miembro del consejo, como alcaldesa y, después, como representante de la campaña de Bush. Por extraño que parezca, ahora que esto se trataba de mí no me permitían hablar con los reporteros. Los medios latinos me perseguían y la Casa Blanca aceptó que emitiera una declaración, pero nada más. No habría entrevistas y ningún otro contacto; tenía que limitar mis comentarios a la declaración preparada. Comprendía la persistencia de los medios; la historia de una inmigrante que llegaba a ser tesorera de Estados Unidos era titular para las comunidades latinas y de inmigrantes.

Por supuesto, no tuve tiempo de concentrarme en la trascendencia histórica de lo que estaba sucediendo, necesitaba estar preparada para la sesión de ratificaciones. Si bien la Casa Blanca confiaba en mi ratificación, yo me preparaba a conciencia para las audiencias. Pregunté si necesitaba cartas de respaldo, pero me aseguraron que no había indicios de que algún senador tuviera problema con mi designación. Mi esposo sería la única persona de mi familia que me acompañaría a la audiencia.

Se reunió conmigo en Washington la noche anterior y dormimos en la recámara de mi querida amiga Ana Maria Farias. Ella insistió en cedernos su habitación para la noche porque dijo que yo necesitaba dormir bien. Pero no importaba lo cómoda que estuviera, apenas pegué los ojos. No creo que alguien que está a las puertas de la ratificación del Senado pueda dormir. Ensayé mis respuestas a las preguntas que ya me habían hecho una vez tras otra. Formulé nuevas preguntas, más desafiantes y también las contesté. Creo que al final la fatiga dio paso al sueño.

Cuando a la mañana siguiente llegamos al edificio Dirksen de las oficinas del Senado, me abrumaba la agitación. Fue una lección de humildad ser parte de ese día histórico para la comunidad de inmigrantes. Ese día sería la ratificación de seis designados y la mayoría asistió sólo con sus cónyuges o un par de hijos. Además de mi esposo, quise compartir ese día memorable con algunas de mis amigas más cercanas: Ana Maria Farias, Leslie Sánchez, Theresa Alvillar Speake, Adrianne Cisneros y Shirley Wheat (mi mano derecha). También estaban allí dos personas del Tesoro para escuchar mi declaración preparada.

Fue una declaración breve donde manifestaba mis propósitos, al tiempo que delineaba la historia de mi vida y mis antecedentes profesionales. Al leerlo, todo mi ensayo se vino abajo cuando expresé lo honrada que me sentí incluso de ser tomada en cuenta. Todos esos años atrás, cuando llegué a suelo estadounidense, nunca imaginé que estaría allí frente al Senado. Mientras leía hubo un silencio total. Posteriormente me dijeron que algunas personas del público tenían lágrimas en los ojos. El senador Max Baucus y el senador Orrin Hatch hicieron comentarios amables. No hubo preguntas y yo sentí alivio. Terminada la audiencia, recibí una lluvia de abrazos y besos. Recuerdo salir de la sala y entrar en un período de incredulidad de estar mucho más cerca de convertirme en la ocupante número 41 de la Secretaría del Tesoro de Estados Unidos.

No se sabía si el Senado iba a aceptar mi ratificación antes de que los senadores hicieran su receso de agosto. En apariencia sólo podría darse después de que regresaran, de modo que hice planes para volver a California al final de la semana. A diferencia de otros cargos de la administración, el secretario del Tesoro no puede ser contratado como interino; sólo puede iniciar actividades cuando el Senado haya realizado la ratificación oficial. Me resigné a no saber el desenlace sino hasta que volvieran los senadores. Mi vuelo salía de Washington el viernes por la tarde, el último día de trabajo del Senado. Cuando esa tarde estaba a punto de salir de su edificio para tomar mi vuelo, Amy Best, de asuntos legislativos, corrió para decirme que el Senado acababa de votar por unanimidad para ratificarme. Así, nada más, había concluido.

Me sentía contentísima; era la virtual tesorera de Estados Unidos. Me explicó que lo único que faltaba era que el presidente firmara los documentos de mi comisión y entonces sería oficial. Dijo que ya estaba en Crawford, Texas, para tomar sus vacaciones laborales de verano, pero que mis documentos estarían sin tardanza en la carpeta para firmas en su escritorio, la semana siguiente.

De inmediato lo comuniqué a mi familia. Aunque sabían que esto significaba que los cambios estaban en marcha, cuando regresé a Los Ángeles se mostraban eufóricos. Mi cumpleaños 41 era al día siguiente y el Senado me había dado el mejor regalo que pudiera pedir. El domingo, como era costumbre, fuimos a la iglesia. Teníamos tanto que agradecer y celebrar. Los feligreses estaban muy alegres y muchos nos felicitaban. El siguiente paso era hacer los trámites para que toda mi familia me acompañara a la ceremonia de juramentación. Mi esposo, mis hijos, mi mamá, mi papá, mis hermanos, hermanas y mis mejores amigos, todos me rodearían en este día memorable. Flori, la mujer que me ayudaba a atender a mis hijos desde que Alex tenía menos de un año, también estaría allí. Sin la tranquilidad que ella me daba cuando me ausentaba, no creo que hubiera podido lograr mucho. La cuenta final fue de 36, todos en viaje de California al D.C., para atestiguar uno de los días más importantes de mi vida.

Cuando llegó el día de la ceremonia, el 16 de agosto de 2001, sentía temor al entrar a la sala de prensa con el secretario Paul O'Neill, quien estaba listo para tomar el juramento del cargo. Le sorprendió el gran número de cámaras: todos los medios noticiosos latinos estaban presentes para dejar constancia del juramento de la primera inmigrante que tenía el honor de ser tesorera de Estados Unidos. Mis hijos estaban junto a mí y Alex sostenía la Biblia. Miré a la primera fila y, aunque allí había otras personas que conocía, lo único que veía era a mi mamá y mi papá como si los envolviera la luz de un reflector. Las lágrimas bañaban el rostro de mi papá y mi mamá irradiaba orgullo.

Ya me imaginaba lo que pasaba por su mente en ese momento. Su decisión de traernos a la Unión Americana daba un gran fruto. Sabía que estaban orgullosos de mí, pero también sentían un profundo aprecio por la nación que le dio a su hija oportunidades inimaginables. Mi nombramiento sobrepasaba el sueño americano que mis padres esperaban que alcanzaran sus hijos. Recitar el juramento en ese mar de emociones era algo surrealista. *Esto es para ellos*, pensé. Después de todo, sin los dos obsequios que me dieron –la firme ética laboral y la fe–, yo no estaría allí. Sabía pues que nunca podría pagarles completamente, pero esperaba que cuando menos éste fuera un abono sustancial por sus sacrificios inconmensurables.

Manos a la obra

Como tesorera de Estados Unidos ahora tenía oportunidades sin precedentes para trabajar en áreas que impactaran altamente la vida de los menos afortunados. Además de mis responsabilidades normales de supervisión de la producción de la moneda, encabezaba los trabajos de cultura financiera para reducir el número de la gente "sin banco". Este grupo constaba de 10 millones de personas, principalmente estadounidenses pobres e inmigrantes recién llegados. Mi papel era fundamental para ampliar el mercado de remesas (dinero que quienes trabajan en Estados Unidos envían a México y a otros países). También era miembro del equipo económico del presidente que tenía la encomienda de vender sus paquetes económicos. Por último, pero sin duda no lo menor, pertenecía a la Iniciativa de la Casa Blanca para la Excelencia Educativa de los Hispanoamericanos. En otras palabras, tenía mucho trabajo por delante.

Estampar mi firma

Muy pronto, el secretario O'Neill y yo fuimos a la Oficina de Grabado e Impresión (situada cerca del Tesoro) para ver salir de la prensa las primeras hojas de billetes que llevaban nuestras firmas. De nuevo todo un ejército de fotógrafos estaba a la espera.

Con cada hoja que liberaba la prensa, se hacía más concreta la realidad de lo que estaba ocurriendo. Unos días después, la oficina me permitió pagar unos cuantos dólares que llevaban mi firma. Pasaría un tiempo antes de que salieran a circulación, pero yo ya tenía mi propia provisión por adelantado. Tenía una pila de billetes nuevecitos y no podía esperar para enseñárselos a mi familia.

La siguiente vez que vi a mi hermana pequeña Nancy, le dije que iba a enseñarle algo. Saqué de mi cartera un billete con mi firma. Cuando vio mi nombre, nos tomamos de la mano y empezamos a brincar. Fue hasta ese momento, entre risas y saltos, que me di cuenta de todo el tiempo que había contenido mis emociones. Obviamente, no hubiera sido una buena decisión profesional brincar cuando todas las cámaras me estaban fotografiando. Pero en privado con mi hermana me sentía libre de tener ese arranque despreocupado, como de niña.

Pensé si Michael Hillegas, el primer tesorero de Estados Unidos, también habría experimentado esa emoción al ver su firma en el papel moneda. Yo tomaba mi lugar en la historia como la ocupante número 41 del cargo, y aun ahora cuando pienso que pocos privilegiados han tenido este honor, me invade un profundo sentimiento de asombro y gratitud. Pensar que dentro de muchos años mi nombre todavía estará en la mano de alguien o en la vitrina de un museo, es alucinante.

11/9

En la mañana del 11 de septiembre de 2001 desperté para iniciar una vez más mi nueva rutina como tesorera.

No había transcurrido ni un mes desde la ceremonia de mi juramento.

Aunque pocas veces veo la televisión en las mañanas, por alguna razón tenía sintonizado el noticiario *Good Morning America* mientras me alistaba para el trabajo en el condominio de mi amiga en Virginia. Mi familia todavía no se mudaba al Distrito de Columbia, pero yo ya había empezado en mi cargo. Cuando iba a salir hacia la oficina, Diane Sawyer interrumpió el programa para anunciar que había sucedido un accidente en una de las Torres Gemelas de Nueva York y estaban tratando de obtener una toma en directo. Me senté con los ojos fijos en la pantalla y entonces vi el segundo avión estrellarse en la otra torre. Recuerdo que en el siguiente comentario Sawyer dijo algo así como: "¿Todos vieron lo que creo que vi? ¿Podríamos tener la repetición?"

Marqué al teléfono de mi esposo en California. Cuando contestó me di cuenta de que lo había despertado.

"Alex, estamos en guerra", dije sorprendida por mis propias palabras. De alguna manera, en lo más profundo de mi corazón, sabía que dos casos no podían ser un accidente.

"¿De qué hablas?"

"Enciende el televisor", dije sabiendo que las imágenes hablarían por sí solas.

Escuché cuando encendía el televisor y de inmediato sentí deseos de estar en California con mis hijos.

"¡Dios mío!", exclamó.

"Lo sé", agregué. "Por favor, cuando despierten di a los niños que estamos en guerra."

"Está bien, cuídate, Rosario."

"Claro y me iré a casa tan pronto como sea posible", dije y luego colgué.

Por algún motivo, tenía la seguridad de que el ataque significaba la guerra. No tenía conocimiento de las amenazas a nuestro país, pero me parecía obvio que ésta era distinta a las guerras en que Estados Unidos había peleado antes.

Decidí dirigirme al Tesoro. *¿Cómo puede el cielo tener ese azul magnífico cuando algo así está pasando?*, pensé al salir de la casa. Cuando iba a abrir la portezuela del coche, escuché un sonido distante y horrible detrás de mí. Yo vivía cerca del Pentágono y al voltear vi una nube monstruosa de humo negro que se elevaba. Mi corazón dio un vuelco. Busqué a tientas las llaves del coche y me subí. Manejé hacia George Washington Parkway, en dirección al Aeropuerto Nacional Reagan. El humo se aproximaba. Pasé por el aeropuerto y a la izquierda vi algo que jamás olvidaré: el Pentágono en llamas.

Mi cuerpo entró en *shock*. Mi teléfono celular vibraba, era mi amiga Ana Maria desde Texas. Nos saludamos y de inmediato se perdió la recepción.

Para cuando crucé el puente de la calle 14 aquello era un verdadero caos. Los coches salían de los garajes subterráneos y a los que trataban de entrar no los dejaban pasar. No pude llegar al estacionamiento del edificio del Tesoro. El Servicio Secreto había cerrado el complejo de la Casa Blanca, incluyendo la Secretaría. Algunas personas abandonaban los edificios mientras otras corrían. Era un estado de confusión que pronto derivó en una paralización. No pude ponerme en contacto con ningún integrante de mi personal y no pude estacionarme en ningún sitio. Frustrada, di vuelta en U y me fui de regreso al condominio de mi amiga.

La idea de que el edificio del Tesoro, la Casa Blanca o incluso el Capitolio podían ser el siguiente blanco, resultaba aterradora. Después de todo, estos ataques no eran una coincidencia. Me preguntaba si podría volver a California con mi familia pronto o en algún momento. Al regresar hacia el condominio compré agua y artículos de emergencia. Como muchos, me pegué al televisor. Al día siguiente me despreocupé lo suficiente para aventurarme a entrar al D.C. Era una ciudad fantasma. De no ser por los policías que custodiaban los edificios, hubiera pensado que yo era la última persona sobre la Tierra. Ya no se veía una ciudad vibrante y dinámica, sino otra cubierta de negro. Más que asustada me sentía muy triste. La herida ocasionada en el corazón de esta nación era dolorosamente obvia. Guardias armados patrullaban las calles. Por un segundo me dio la impresión de que estaba en un país del tercer mundo. No se suponía que fuera así, en particular no en la capital del país.

Unos días después pudimos volver al trabajo. Estaba orgullosa de la inmensa mayoría de empleados federales que regresaron a trabajar. Era evidente que la intimidación por cualquier medio no impediría que cumpliéramos con nuestro deber. Me aseguré de visitar a los trabajadores de la Oficina de Grabado e Impresión y estrecharles la mano. Les agradecí su disposición para cumplir con su obligación, a pesar de los temores o reservas que pudieran tener. Como lugar esencial para el funcionamiento de nuestra economía, eran un blanco natural. A la luz de los acontecimientos, la dedicación de los empleados me alentaba. Me sentía orgullosa de dirigir a un personal tan comprometido.

Un hombre dijo que sabía que debía hacer su trabajo y del mismo modo esperaba que todos los demás hicieran el suyo. Al echar un vistazo alrededor, supe que ésta era la mejor manera de responder a los terroristas: no cederíamos ante ellos. Éramos estadounidenses orgullosos y no había duda de que saldríamos adelante.

Visité la ciudad de Nueva York una semana después de la tragedia. Mi amiga Ana Maria Farias, del Departamento de Desarrollo Urbano y Vivienda (HUD, por sus siglas en inglés) hizo los arreglos para que hablara con el personal que trabajaba en la oficina neoyorquina del HUD. Las historias que contaron de cómo vieron a las personas saltar de las torres incendiadas eran horrendas. La policía de Nueva York me escoltó a la zona donde se desplomaron los edificios. Casi podía escuchar la gritería colectiva de los miles que intentaron escapar del área. Con gran dolor de corazón imaginaba la total desesperación de los padres que sabían que nunca volverían a ver a sus hijos y viceversa. Las palabras le faltaban a quien tratara de expresar la magnitud de la devastación. Nada de lo que yo pudiera escribir trataría el tema como lo merece.

Desde luego había muchas preguntas sobre nuestra seguridad como nación. El 11 de septiembre cambió todo. De repente nos sentimos vulnerables. Nos dimos cuenta de que éramos vulnerables. Si los terroristas nos atacaron una vez, sin duda podían hacerlo de nuevo. La única pregunta parecía ser cuándo y dónde. Los aeropuertos reabrieron cinco días después y yo tenía programado mi vuelo a California al día siguiente. Ya había hecho los trámites antes de la tragedia, porque la ciudad de Huntington Park iba a ofrecer una recepción en mi honor. Además, al otro día celebraba mi vigésimo aniversario de bodas.

Cuando llegué al aeropuerto internacional Dulles noté que estaba extrañamente vacío. Había un puñado de personas agrupadas aquí y allá, pero nada del ajetreo y bullicio típicos. Por una vez no me habría importado esperar en una larga fila para llegar al mostrador. Las personas que estaban listas para abordar se veían entre sí con distintos grados de desconfianza. Nadie entablaba conversación con otro. Había un sentimiento general de que todos teníamos los nervios de punta. No más de 10 personas abordamos el avión hacia Los Ángeles. Aunque el personal de vuelo debe haber estado tan nervioso como nosotros al abordar los aviones, lo hacía dando la impresión valiente de que no permitiríamos que nuestras vidas estuviesen supeditadas al terror. Recé mientras el avión rodaba sobre la pista. Estoy segura de que no fui la única que pensó en que nuestro vuelo podría tener un destino fatal. La experiencia completa destrozaba los nervios. Sentí como si en forma colectiva aguantáramos la respiración. Cuando las ruedas traseras del avión tocaron la pista en Los Ángeles, exhalé y derramé lágrimas.

Gracias a Dios, podía ver de nuevo a mi familia.

Hoy día, a veces no puedo menos que impacientarme cuando las personas no pueden comprender lo que soportamos en lo individual y lo colectivo. Para muchísimas personas en Nueva York, en el D.C. y en todo el país, la vida nunca será la misma. Nos han puesto a prueba en más formas de las que hubiésemos deseado. Mi familia seguía perfectamente y, no obstante, me obsesionaba el pensamiento de que nunca los volvería a ver. Esto se sentía como un tipo de guerra muy diferente porque pegó en nuestro suelo; no era algo que estaba sucediendo "en otro lugar, por allá". Sabía que el edificio del Tesoro podía ser el siguiente blanco. La presencia más visible de la policía servía de disuasivo, pero también era un triste recordatorio de que no estábamos tan seguros como alguna vez pensamos. Muchas de nuestras rutinas diarias se alteraron cuando la seguridad de nuestra nación se volvió la máxima prioridad. Los impactos económicos de los ataques se resintieron en todo el mundo. Sin embargo, quedó en claro que los fundamentos de nuestra economía eran lo suficientemente fuertes como para evitar entrar en una depresión, como muchos temían.

Unas semanas después de los ataques, realicé un viaje al lugar donde se almacena la reserva de oro, en Fort Knox. Quería mandar el mensaje de que todo estaría bien. Aunque nuestra economía sufriría, las reservas estaban intactas y listas para su uso si fuera el caso. No es que eso fuera a ser necesario, aunque algunos se sentían cómodos al saber que había recorrido el lugar sagrado de la reserva de oro de nuestra nación.

Me propuse, no sólo viajar después del 11/9, sino volar por United y American Airlines, las mismas líneas de aviación que los terroristas habían utilizado en sus ataques. Yo estaba haciendo lo que tocaba para transmitir una sensación de seguridad al público. Desde el punto de vista económico, la industria de la aviación recibió el golpe más fuerte con los ataques; a pequeña escala, quería contribuir a su recuperación. Sé que muchas personas se lo pensaban dos y tres veces antes de volar por estas líneas específicas, pero yo no. En mi opinión, no se les podía culpar y eran víctimas como muchos otros.

No cabe duda de que nuestra economía recibió un impacto. Sin embargo, los pilares que la sostenían garantizaban una recuperación posterior. Hubo una increíble presión sobre el presidente y la administración para enfrentarse a la secuela de los ataques. Me eligieron como miembro del equipo encargado de divulgar los programas económicos del presidente. Me sentía privilegiada de viajar por el país para buscar y obtener el apoyo a sus políticas; tenía la credibilidad para hablar con banqueros, empresarios y otros sobre cómo éstas darían un giro completo a la economía. El presidente había heredado una economía encaminada a la recesión y los ataques empeoraron el frágil estado de las cosas. Era necesario que la población tuviera dinero en los bolsillos para conjurar otra recesión y en gran parte los recortes a los impuestos servirían para ello.

En los dos años que fui tesorera visité las cámaras de comercio, las empresas locales, los periódicos, las estaciones de radio y los canales de televisión. Con el tiempo pudimos convencer a muchos escépticos que originalmente cuestionaron la validez de los recortes a los impuestos para darle un nuevo ímpetu a la economía. Estoy convencida de que si no hubiera sido por estos recortes precisos, nuestra economía se hubiese derrumbado.

Por nuestro trabajo en este equipo, el secretario del Tesoro nos dio una placa de reconocimiento elegantemente enmarcada. Aunque estaba orgullosa, ningún premio podía compararse con ver la economía encaminada hacia la recuperación.

Mi discurso a la nación

Como tesorera, tuve el honor de recorrer el país y hablar con muchos de los afectados por el 11/9. A continuación presento un extracto de un discurso que escribí. No sólo sirvió para expresar lo que sentía, sino también recordaba a nuestros ciudadanos que ellos son el tesoro más valioso del país.

> *Los agresores pueden haber truncado miles de vidas, pero no nos privaron de nuestro respeto a la vida. Su fuego puede haber incendiado nuestros edificios, pero la llama de nuestra fe arde a mayor altura que su odio. La luz de nuestra fe es más brillante que la de la tiranía. Las explosiones pueden haber hecho añicos las ventanas, pero el espíritu estadounidense es inquebrantable. Destruyeron los edificios construidos de acero y cemento, pero los pilares de nuestra sociedad son más fuertes que el acero y más sólidos que la roca.*
>
> *Más que imprimir dinero, Estados Unidos ha grabado en todos los ciudadanos los principios de la libertad y la oportunidad. Estados Unidos, más que acuñar monedas, ha moldeado en todo ciudadano la creencia en la libertad y la búsqueda de la felicidad. Ningún tirano, ningún agresor puede hacer estragos sobre nuestras creencias, nuestra herencia y nuestro legado. Como tesorera de Estados Unidos,*

me he dado cuenta de que el verdadero tesoro de la Unión Americana es su pueblo.

El ABC financiero

Cuando me enteré de que 10 millones de personas en Estados Unidos nunca habían entrado a un banco, tuve claro que era necesario hacer algo. Como tesorera estaba en una posición excepcional para ayudar al público a ser parte del sistema financiero. Mis siete años de experiencia bancaria, aunados a mis antecedentes en el gobierno local, me daban un sólido entendimiento de la dinámica por la cual las personas no participan en el sistema. En lo personal, vi cómo las instituciones bancarias intimidaban a mis padres, tanto así que nunca abrieron una cuenta de banco en Estados Unidos.

La magnitud de la tarea educativa necesaria para reducir el número de los "sin banco", como mis padres, era significativa. Estaba totalmente convencida de ayudar a quienes sufrían abusos financieros por su falta de conocimientos bancarios y, tristemente, su incapacidad para entender el idioma inglés. Me prometí que daría especial atención a este segmento de la población. Mi dominio del español permitía llegar a los medios latinos y promover la cobertura de este problema social.

Trabajé con el gobierno, asociaciones sin fines de lucro y la industria bancaria para incrementar la cultura financiera. Al trabajar con la división de servicios financieros, mi oficina organizó la primera reunión entre el Departamento del Tesoro, el Departamento de Educación y muchos otros interesados en las industrias de la banca y las finanzas. Juntos diseñamos un programa cuyo objetivo era introducir con facilidad, en las materias que ya se impartían en las escuelas, los rudimentos de la cultura financiera. Si hubiésemos decidido verlo como una materia aparte, pudieron haber existido más objeciones. No podía creer que nunca se hubiera celebrado una reunión entre estos dos departamentos tan importantes para analizar problemas que podían tener un impacto tan amplio en la vida de tantas personas.

Era alarmante saber que la mayoría de los alumnos que se graduaban de *high school* no poseían las herramientas financieras para el éxito. En muchos casos, esto significaba que, sin importar lo mucho que trabajaran, sería en vano. Éste no era un problema exclusivo de los pobres y de la población de escasos recursos. No nos sorprendió que en la última década se hubiera duplicado el porcentaje de declaraciones de quiebra presentadas por personas entre los 18 y los 25 años. Si nuestros jóvenes no entendían siquiera el concepto básico del interés compuesto, quizá no comprendían que hacer sólo el pago mínimo en su tarjeta de crédito muchas veces se traduce en años de gran esfuerzo para deshacerse aun de la deuda más pequeña. Obviamente, si esos graduados carecían de información, ¿qué podía esperarse de personas con escasa instrucción que ni siquiera hablaban inglés?

En la comunidad hispana, por ejemplo, muchos bancos y sociedades de ahorro y préstamo iniciaron un esfuerzo concertado para atraer público a sus instituciones, asociándose con organizaciones locales para ofrecer los programas. Traté de reducir el efecto de este problema creciente poniendo de relieve los problemas. Como muchos empeños nobles, éste debe continuar.

UNA LABOR DE AMOR

Alrededor de un mes después de los ataques del 11/9, el presidente Bush firmó una orden ejecutiva para crear la Iniciativa de la Casa Blanca para la Excelencia Educativa de los Hispanoamericanos. Aunque hubiera sido comprensible cancelar la ceremonia de la firma por lo que acababa de sufrir nuestro país, Bush optó por no hacerlo. Esta decisión indicaba la gran prioridad que el presidente daba a los serios retos educativos en la comunidad latina.

 Me sentí honrada de que me nombraran la coordinadora dentro del Tesoro para integrar la comisión. Nuestra meta era elaborar recomendaciones específicas para incrementar el número de latinos graduados de *high school* y, lo más importante, que se matricularan en la educación superior y la terminaran. Era alarmante el bajo número de latinos que se graduaban de la universidad y la necesidad de dicha iniciativa nacional venía de mucho tiempo atrás. Viajé a una serie de estados para hablar directamente con los niños y las autoridades de las escuelas. La directora ejecutiva de la comisión, mi amiga Leslie Sánchez, creó la primera página web bilingüe para alentar a los padres y a los alumnos latinos a cursar estudios superiores.

 No importa a dónde viajara en representación de la comisión, mostraba mis sentimientos. ¿Por qué no? Veía a mi propia familia en los rostros de quienes habitaban en estas comunidades deprimidas. De forma modesta, trataba de darles esperanzas contándoles mi historia. Después de mis presentaciones, con frecuencia vi a madres que lloraban, señal de su firme deseo de que sus hijos tuvieran un futuro más brillante.

Por supuesto, en el plano personal supe que una educación sólida supondría una gran diferencia. Estoy casi segura de que no me hubieran nombrado tesorera si no tuviera mi título. También observé los efectos que la educación podría tener en toda una comunidad. En la ciudad de Huntington Park, el porcentaje de deserción escolar era de 67 puntos y, como resultado, una clase marginada ya formaba parte permanente de la comunidad. Con mi experiencia, podía hablar de lo que significaba provenir de una comunidad que no esperaba gran cosa de sus hijos. El presidente Bush reconoció lo anterior cuando hablaba del "prejuicio fácil de no esperar mucho". Tenía razón: como comunidad ya no podíamos darnos el lujo de perder a tantos de nuestros jóvenes en un pobre desempeño. Y, lo que es más importante, yo podía hablar de lo que se pediría a nuestra comunidad para alcanzar las metas comunes.

Era una labor de amor para los comisionados, cuyo producto era un largo informe con recomendaciones específicas. Espero que al implementar nuestras sugerencias más latinos se gradúen en la universidad.

Rosario, la embajadora

Como la primera tesorera nacida en México, me aseguré de entrar de lleno a los problemas relacionados con

México tan pronto como ocupé el cargo. El presidente de México, Vicente Fox, y el presidente Bush, estuvieron de acuerdo en que un México próspero sería muy conveniente para ambos países. Convinieron en formar una sociedad llamada Sociedad para la Prosperidad. El Tesoro de Estados Unidos era el organismo principal en esta campaña.

El acuerdo oficial se haría durante una cena de Estado. Recuerdo muy bien la noche de la cena. Era la hora de ver los fuegos artificiales desde el balcón de la Casa Blanca. Las dos parejas presidenciales estaban de pie, juntas, y yo avancé para saludarlos de mano.

El presidente Bush de inmediato me presentó en español al presidente Fox: "Señor presidente, le presento a la tesorera de Estados Unidos, Rosario Marín":

El presidente Fox volteó para darme la mano. "I've heard so much about you. What apleasure it is to finally meet you. You've made us very prond."

No tengo palabras para captar plenamente ese momento. Helos aquí: ¡el presidente de Estados Unidos presentándome en español, y el presidente de México saludándome en inglés!

Mientras los fuegos artificiales retumbaban en el cielo, me sentí orgullosa de ser la mexicana de origen de mayor rango en la administración de Bush. Sería parte integrante de este ambiente de amistad y camaradería. La Sociedad para la Prosperidad me daría la oportunidad de trabajar de cerca con funcionarios de alto nivel del gobierno mexicano para impulsar las metas comunes. En el proceso, hice amistades sólidas que durarán toda la vida. Viajé a México nueve veces en mis dos años como tesorera. Tenía una vasta participación en la promoción de nuevos servicios y productos para hacer uso óptimo de las remesas (el dinero enviado de Estados Unidos a México).

Con mi amigo Mario Laborín, director de Nafinsa, pusimos atención en las mujeres mexicanas que podían convertirse en emprendedoras al abrir negocios con las remesas que recibían de sus esposos en Estados Unidos. Promovimos la manera en que, quienes estaban en el país del norte, podían comprar materiales de construcción en California y mandarlos directamente a México para construir la casa de sus sueños. Sabíamos que todos estos esfuerzos podrían ayudar a que las personas hicieran realidad sus sueños y así reducir el flujo de inmigrantes indocumentados hacia Estados Unidos.

En muchos niveles era gratificante trabajar con los dos países que me hicieron lo que soy. El embajador mexicano en Estados Unidos me dijo una vez que me consideraba el tercer embajador: "Está el embajador estadounidense, el embajador mexicano y luego Rosario, la embajadora". Fue un honor para mí que lo mencionara y esperaba poder cumplir con esa función.

Un problema que me llega a lo más profundo

Uno de los problemas más significativos que era preciso abordar consistía en terminar con los abusos de que eran objeto quienes mandaban dinero a México. Una vez más, para mí esta era una mezcla de lo personal y lo profesional.

Aunque ya habían pasado más de 30 años, la imagen de mi madre esperando ansiosamente las cartas de mi papá con los cheques adjuntos me dejó una impresión indeleble. En ese entonces, los viernes eran días llenos de una tensión casi palpable pues mamá esperaba fuera de nuestra puerta la llegada del cartero. Sólo entraba después de la entrega. Sabíamos cuando había llegado a tiempo, porque regresaba luciendo una sonrisa de oreja a oreja. Sin embargo, a menudo volvía con un aire de frustración: "Hoy no hubo suerte, tal vez el lunes". Todo el tiempo le preocupaba cómo nos iba a dar de comer.

El negocio de las remesas había crecido exponencialmente en los últimos años; a México entraba más dinero que nunca. Hoy día, en México las remesas constituyen la segunda fuente de ingresos, mientras que las exportaciones de petróleo ocupan el primer lugar. El principal problema era la concentración del poder en manos de las empresas que enviaban el dinero a México. Como las instituciones financieras no intervenían, no había normas. Me indignaba ver el abuso del que eran objeto los esforzados trabajadores pobres y sin instrucción; en algunos casos pagaban un cargo de 20 por ciento sobre el dinero que enviaban a sus familias. En lo personal había visto los efectos devastadores que estos timos causaban a las familias. Como tesorera, pensé que era mi deber arrojar luz sobre este problema.

Éste era un mercado inmenso y yo creía firmemente en las leyes de la oferta y la demanda. Si bien no soy partidaria de la excesiva regulación del mercado, es necesario que el gobierno intervenga cuando los abusos del mercado socavan el bien mayor. Simplemente no había manera de justificar que las personas, que no tenían otra opción, tuvieran que pagar tanto por una transacción sencilla.

Yo seguía la industria bancaria y sabía que muchos bancos buscaban ampliar sus servicios. Wells Fargo decidió ser el primero en ofrecer el servicio de remesas y con eso empezó el efecto dominó. Bank of America lo hizo poco después y luego Citicorp. Las sociedades de ahorro y préstamo también querían una rebanada del pastel y no pasó mucho tiempo para que toda la industria bancaria participara. La competencia por este servicio era tan cerrada que el costo por transacción bajó notablemente, tan rápido que Bank of America empezó a ofrecer el servicio gratis. Esto dio el maravilloso resultado de acoger a miles en el sistema financiero.

Después de trabajar dos años como tesorera, la oportunidad de postularme para el Senado de Estados Unidos fue una posibilidad. Pensar que podía volver a hacer historia convirtiéndome en la primera senadora latina y tener la ocasión de continuar con mi misión de vida, me llevó a renunciar al mejor puesto que haya ocupado. Lo hice a pesar del riesgo potencial que esto entrañaba. No tenía la garantía de ganar en la elección primaria y mucho menos en la elección general, contra el senador en ejercicio. Pero mi abuela solía decir: "El que no apuesta, no gana". En otras palabras, el que nada arriesga, nada gana. Pese a las probabilidades, sentí que valía la pena hacer el sacrificio para cumplir una meta mayor. La llamada a un puesto público más alto era innegable.

11. La oportunidad de mi vida

Llevaba más de un año y medio trabajando en el Tesoro cuando una mañana, mientras me acomodaba en mi silla de la oficina, algo me llamó la atención. A la izquierda estaba una taza de café y a la derecha *Roll Call*, un periódico político que cubre el Congreso de Estados Unidos desde 1955. Abrí el diario y encontré un artículo a toda página relativo a quién se enfrentaría a Barbara Boxer, la senadora de más reciente elección en California, durante el siguiente ciclo electoral. Al ser de California, este artículo despertó mi interés. Hacían mención de ocho personas, acompañándola con fotografías colocadas en un mapa de California. Por un segundo contuve la respiración cuando en la página saltó a mi vista una foto mía. Seguí leyendo. El artículo decía que los consultores políticos del partido republicano sugerían mi nombre.

De inmediato fui a hablar con Michelle, la encargada de asuntos públicos en el Tesoro. Me entró el pánico pues me preocupaba que mi puesto como tesorera estuviera en peligro.

"Hola, Michelle, estoy un poco preocupada", dije. "En *Roll Call* apareció este artículo con el que no tengo nada que ver. No me interesa un puesto en el Senado."

"No te preocupes Rosario, esto es común en Washington", dijo, percibiendo mi aflicción. "Les gusta especular todo el tiempo."

Ingenuamente esperaba que nadie más hubiera visto el artículo. ¡Qué va! Llovieron las llamadas. Era una tormenta mediática que empezó en D.C. con llamadas de mis amigos y continuó con los telefonemas de California. No diré que no me halagaba la sugerencia de que yo pudiera ser una buena senadora. Sin embargo, más me preocupaba hacer mi mejor esfuerzo en el puesto que desempeñaba.

Pronto me dejé llevar por el frenesí. ¿Por qué los consultores políticos mencionaban mi nombre? Para el caso, ¿quiénes eran estos consultores? Para entonces todavía no me interesaba, pero sí me intrigaba. Le conté del artículo a mi esposo y ambos decidimos olvidarnos de toda la experiencia. Sin embargo, a mi buena amiga Leslie Sánchez le entusiasmaba la idea. Dijo que su instinto político apuntaba a la posibilidad de analizar la opción. Expresó el gran número de motivos por los que tendría sentido que yo buscara una oportunidad.

Aunque consideré que postularme para el Senado era algo para lo cual no estaba lista, surgió una pequeña interrogante en mi cabeza: ¿podría ser éste mi siguiente paso? Me prometí desechar por completo la idea y concentrarme en mi trabajo en el Tesoro. Además, desde el nacimiento de Eric había dejado de hacer planes minuciosos para el futuro. Siempre parecía más gratificante concentrarse en la tarea que tenía entre manos. Una y otra vez, me acordaba de que todo lo que tengo es el presente, el hoy.

No obstante, mantengo los ojos y los oídos abiertos en el presente y, si surgiera una oportunidad, ¿por qué no aceptarla y hacerla mía? En los días siguientes, hubo más preguntas: ¿sería insensato dejar pasar esta oportunidad? ¿Era una falsa esperanza? O, sencillamente, ¿me estaba poniendo a prueba el universo?

Las llamadas aumentaron y aparecieron más artículos en Washington y California. Cada vez más reporteros llamaban a la oficina solicitando entrevistas con la "posible candidata". Mi personal rechazaba las llamadas de manera cortés. Concedí algunas entrevistas, a condición de que no preguntaran respecto a la elección para el Senado. Hacía lo más que podía para evitar pensar formalmente en la posibilidad, pero era un esfuerzo inútil. Aunque mi cerebro no emprendiera el proceso para tomar una decisión, mi corazón ya tenía un deseo que no podía pasar por alto.

Así como había muchos motivos por los cuales ni siquiera debía pensar en la idea, había otros para hacerlo. Al final, decidí que había ganado el derecho de al menos analizar a fondo la opción de postular mi candidatura, antes de tomar una decisión definitiva. Consultaría con mis asesores de mayor confianza y trataría de plantear diferentes escenarios. Sopesaría las ventajas y desventajas; haría una lista de los posibles desenlaces.

Cuando tomo las decisiones muy importantes mi punto de partida con frecuencia es mi familia. Disfrutábamos la vida a la que nos habíamos acostumbrado en McLean, Virginia. Nos encantaba nuestra nueva casa, los chicos hacían amigos en sus nuevas escuelas y mi esposo tenía un buen puesto de T.I. en el Departamento de Desarrollo Urbano y Vivienda. Si bien echábamos de menos a nuestra familia extendida de Los Ángeles, nos gustaba mucho nuestra vida en el D.C.; en realidad nos sentíamos bendecidos. Con el tiempo nos rodeamos de una nueva familia. Mis amigas Leslie y Rebecca eran como hermanas y una presencia constante en casa. Teníamos una vida social activa y yo estaba en la cima de mi carrera, con muchos retos por delante. Si decidía avanzar, tenía la impresión de que sería un proceso desgarrador.

Una cosa era segura: no tomaría esta difícil decisión sin el apoyo incondicional de mi familia. Una noche, después de tener una larga conversación durante la cena y cuando yo estaba a punto de hacer la pregunta, Carmen (entonces de 14 años) salió con el lema de nuestra familia: "A quien mucho recibe, mucho se le pide". Con estas palabras había cristalizado la decisión por mí. No se trataba de qué podía obtener con esta oportunidad, sino de entregarme a ese posible cargo. Mi familia había dado tanto. Aunque nos había tocado una buena cuota de dificultades, ahora teníamos una vida que se antojaba perfecta. Era el momento de corresponder. Mi esposo, Alex, me respaldaba, pero también estaba esperanzado de que después de analizar completamente la opción, nos quedáramos.

Yo entendía lo que se proponía. Cuando nos mudamos a Virginia, pensamos que viviríamos allí por lo menos siete años y por ello decidimos tomar un plan hipotecario competitivo; nunca pensamos que hubiera la posibilidad de regresar tan pronto. La pérdida financiera sería exorbitante dada la penalización significativa por pago anticipado. Desde luego, también estaba la fatiga emocional que suele conllevar la realización de una campaña estatal. Sin embargo, me di cuenta de que la mayoría de los factores giraban en torno a las finanzas.

Si bien el dinero era importante, nunca permitiría que me impidiera actuar. También había aprendido que si has ganado dinero, podrás hacerlo de nuevo. Igual que al tomar otras decisiones importantes, me pregunté si podría enfrentarme al peor escenario. Asimismo sabía que es más común lamentar lo que se dejó de hacer que lo que se hizo.

Mientras tanto, cumplía con mis responsabilidades en el Tesoro con toda mi energía. Esto significaba acumular una increíble cantidad de millas por ser viajera frecuente: alrededor de 150 viajes en casi dos años. Sin embargo, sabía que con el puesto de tesorera en poco podía ayudar a la reelección del presidente. Como candidata al Senado, estaría en una posición más ventajosa, sobre todo en asuntos relativos a la mujer y a los latinos. Si decidía contender, el Partido Republicano estaría mandando el mensaje inequívoco de que las mujeres del partido (particularmente en California) podrían tener un sitio en la mesa más importante. Los latinos podrían alcanzar otro hito y los inmigrantes volverían a hacer historia.

En este punto, la idea de postularme como candidata ya se estaba formalizando. Tuve la fortuna de que se me presentara la oportunidad de reunirme con Ken Khachigian, el brillante consultor político que escribió los discursos del presidente Reagan y a quien consideraba mi ídolo. Ken irradiaba paciencia, seriedad, humor y una determinación increíble. Expuso mis opciones y de nuestra entrevista inicial salí con la firme decisión de postularme al cargo. Llegué a mi coche con la sensación abrumadora de que no sólo era posible hacerlo, sino que tenía que hacerse. Oficialmente estaba en el séptimo cielo y soñaba con llegar a ser la primera senadora latina de Estados Unidos. La sensación era tanto de emoción como de tranquilidad.

Al iniciar la campaña recibimos un gran impulso. El dinero venía de todos los rumbos de California. Nuestra lista de partidarios crecía y no sólo eran republicanos, sino había muchos independientes y demócratas. Luego, de repente, sucedió algo totalmente imprevisto. Se produjo la destitución del gobernador Gray Davis y Arnold Schwarzenegger, el gobernador recién electo, apoyó a mi rival en la elección primaria. Esto era algo que ningún gobernador en ejercicio había hecho antes. La corriente política se contraponía a nuestra campaña.

Eric vota por primera vez

Los fotógrafos estaban en espera de que fuera a las urnas a emitir mi voto por la nominación republicana al Senado de Estados Unidos. Estaba tan nerviosa como era de esperarse en cualquier candidato. En las encuestas iba hacia abajo y tenía escasas probabilidades de convertirme en la nominada; no obstante, me emocionaba el grandioso día que tenía por delante. Sí, pronto terminaría la campaña, pero ese día sucedería algo aún más especial. Eric, que había cumplido 18 años en octubre, votaría por primera vez.

Cuando entramos al lugar de la votación, Alex, Eric y yo fuimos recibidos por los sonrientes funcionarios de casilla. Era un momento especial, no sólo porque yo era candidata al Senado de Estados Unidos, sino también porque Eric estaba junto a mí. Me conmoví hasta las lágrimas en el interior de la casilla. 18 años antes, cuando lo tenía en brazos, no imaginé que ambos estaríamos ahí.

Durante estos precisos momentos fue cuando me di cuenta de que mi vida se había desarrollado exactamente como debería ser: cada paso que había dado me había llevado hasta este momento concreto en que Eric estaba a corta distancia, votando por mí. Aunque tenía la certeza del resultado de la elección, también sabía que todo en mi vida había sucedido exactamente como debería ser. Mi corazón estaba sereno.

Una derrota, mas no el fracaso

Aunque hicimos frente a las opiniones cambiantes con todos nuestros esfuerzos, no gané la elección primaria. Si bien fue una desilusión personal, no me sentí fracasada. Había hecho un intento valeroso en mi lucha por alcanzar un anhelo histórico. Trabajé mucho más que en cualquier otra etapa de mi vida, hasta las ocho de la noche cuando cerraron las mesas electorales.

En ese momento no sabía qué traería el futuro, pero confiaba en que siempre trabajaría en el servicio público, ya fuera como funcionaria designada o elegida. Sabía que cada puesto me preparaba para el siguiente, cualquiera que éste fuera. Vivir con Eric, quien seis veces se había enfrentado a la muerte, me enseñó el valor del hoy. Si me concentro en hacer lo mejor que puedo en el presente, confío en que el día de mañana y pasado mañana serán satisfactorios. No preocuparme por el futuro libera mi energía para centrarme en el ahora. Conozco a muchos políticos que invierten muchísima energía en organizar todos sus pasos y en hacer lo que sea para garantizar que voten por ellos. Yo decidí no vivir de esta manera.

Desconozco a dónde me llevará la vida, pero sí sé que la última vez que llené una solicitud de empleo fue en 1979 para el City National Bank. Después de eso, todos mis puestos llegaron solos. No fue cuestión de realizar proyectos detallados, sino de estar atenta a las oportunidades que proseguirían con mi misión en la vida: dejar el mundo como un mejor lugar para niños como Eric y otras familias como la nuestra. Como sucede en muchas buenas historias, esta dio un giro completo.

12. Regreso a la nación mexicana

Cuando sólo llevaba unas cuantas semanas de ser tesorera de Estados Unidos, antes de postularme para el Senado, recibí una llamada telefónica de la Casa Blanca para invitarme a volar con el presidente George W. Bush y el presidente Vicente Fox en el avión presidencial Air Force One. Nos dirigimos a Toledo, Ohio, para una doble recepción presidencial de bienvenida, a la cual asistirían como invitados miles de latinos. Tenía sentido que, como primera tesorera de Estados Unidos nacida en México, me hubiesen invitado. Fijaron la fecha para que me reuniera con ellos en la base Andrews de la Fuerza Aérea en Virginia.

Necesitaba compartir mi emoción. Llamé a mi esposo, no lo podía creer. ¿Cómo era que iba a volar, no sólo con un presidente, sino con dos? Ese sería mi primer viaje en ese avión y quería captar cada segundo, porque tal vez no volvería a tener tal oportunidad. Por supuesto, di vueltas en la cama toda la noche anterior al vuelo, pues repasaba en mi mente los mínimos detalles, desde cómo me vestiría hasta qué diría. Sabía que muchos estarían observando y no podía evitar sentirme cohibida y al mismo tiempo emocionada. Mi mente se remontó a cuando tenía 12 años y soñaba con volar entre las nubes como sobrecargo. Aun en ese momento, sentía que no pasaba de ser una fantasía, porque mis padres ni siquiera tenían dinero para pagar la escuela.

Al ocupar mi asiento en el avión presidencial sentí una profunda gratitud. Fue uno de esos momentos en que saltaba a la vista lo lejos que había llegado. Nunca había soñado volar un día con el presidente de mi país adoptivo. Alrededor estaba todo un séquito encargado de todos los detalles imaginables. Había un complejo sistema de comunicaciones compuesto por teléfonos, faxes y computadoras que permiten al presidente desarrollar sus actividades como si estuviera en la Casa Blanca. Apenas pude contener mi emoción y no podía esperar para recorrer los tres pisos de la famosa aeronave. Entre tanto, me relajé y disfruté de una conversación con dos presidentes.

El retorno de la hija agradecida

En marzo de 2002, cuando todavía era tesorera, recibí una segunda invitación, que me condujo a uno de mis más preciados recuerdos, esta vez del presidente Vicente Fox. Me invitaba a estar presente en su residencia de Los Pinos para celebrar el Día Internacional de la Mujer. Dos días antes del acto tenía programado estar en Guadalajara para recibir un premio; decidí entrar en contacto con la embajada para concertar una visita a mi escuela secundaria.

No había ido a mi escuela desde que me gradué en junio de 1972 y ahora volvía en una comitiva, como tesorera. Aunque en ese entonces sólo tenía 14 años, algunos de mis recuerdos más entrañables son de mis días de escuela. Al acercarnos al lugar me dirigí al chofer:

"No quiero perturbar el horario de la escuela, pero espero que me permitan tomarme fotografías con algunos de los alumnos", dije. "Ah, y sería fabuloso que estuviera el director para poder saludarlo."

Se rió.

"¿Qué tiene de gracioso?", pregunté.

"Con el debido respeto, señora", dijo, "pero ya verá".

"¿Qué voy a ver exactamente?"

No respondió, sino que se limitó a bajar mi ventanilla desde su control. El viento sopló en mi cara y vi a cientos de personas aglomeradas afuera de mi antigua escuela. Allí esperaba todo un ejército de reporteros provistos de cámaras y micrófonos.

"Debe haber algún tipo de mitin político", dije. Recordé lo comunes que eran cuando yo estudiaba allí.

"Eso debe ser", comentó.

Lentamente pasamos entre la multitud y cuando llegamos a las puertas de la escuela todos comenzaron a aplaudir y vitorear; el sonido era abrumador. Luego escuché que la multitud repetía mi nombre. Sentí como si mi pecho no pudiera más.

"¿Es esto para... ", ni siquiera podía pronunciar las palabras.

"Sí, señora, todo esto es para darle la bienvenida", dijo el chofer con una gran sonrisa.

Fue tal el impacto que cuando abrieron mi portezuela, un señor ya mayor tuvo que ayudarme a bajar del coche.

"¿No me reconoces, querida?", dijo.

Lo miré a los ojos y cuando sonrió fue como si me hubieran transportado al pasado.

"¡El señor Enrique Barrón!", no podía creerlo.

El señor Barrón daba clase de biología y era mi maestro favorito. Habían pasado 30 años, pero lo que vi fue al maestro impecablemente vestido con el que siempre se reían tontamente las niñas y al que todos los chicos querían emular.

Me dio un fuerte abrazo y susurró que no había palabras para describir lo orgulloso que estaba de mí. Yo no podía dejar de llorar.

"M'ijita, si no paras de llorar, me vas a hacer llorar a mí también", dijo. Dudaba si podría mantenerme erguida si daba rienda suelta a mis emociones.

Aunque no había estado en contacto con muchos de mis amigos de la escuela, sus rostros estaban entre la multitud. Abrazaba a las personas a derecha e izquierda; no podía creer esta cálida recepción. Me encontré con dignatarios y representantes de todos los niveles de gobierno. Las mantas de bienvenida se agitaban con el viento y sonaba música. A ambos lados estaban los alumnos uniformados en hileras perfectas. Hice un gran esfuerzo por hablar con la mayor cantidad posible. Estoy segura de que muchos no tenían idea de a qué se debía tanto alboroto. Y, sin embargo, los ojos de otros ardían con la misma esperanza que yo tenía a su edad.

La ceremonia formal dio inicio en el patio de la escuela. La escolta (una unidad ceremonial con uniforme) marchó con la bandera mexicana mientras tocaban el himno nacional. Recordé cuando yo también había llevado orgullosamente la bandera mexicana como miembro de la escolta. Se produjo una transposición del pasado y el presente al tiempo que otra escolta llevaba la bandera de Estados Unidos. Cuando esta última pasó junto a la bandera mexicana, inclinaron un poco la mexicana en señal de reverencia y saludo a la bandera estadounidense. Mi respiración era entrecortada. No podía haber una forma más amable de honrar a mi persona. Fue un momento que tendré en la memoria hasta el día en que muera.

Las principales organizaciones noticiosas cubrieron este acto memorable: tomaron fotografías y escribieron titulares.

La historia que he escrito comienza y termina aquí. Es un relato que han contado muchos antes que yo, porque forma parte de una historia más grande, de una nación que promete un sueño. Me había graduado de una escuela pobre en un barrio pobre de México y regresé 30 años después como hija agradecida. Los años intermedios estuvieron llenos del sueño más vívido que pude tener, del cual espero nunca despertar.

Tercera parte

Palabras a las cuales apegarse

13. Abrir brecha

Aventurarse en un nuevo terreno suele ser tan estimulante como aterrador. El torrente inicial de excitación es precisamente lo que se requiere para ponerse en marcha, pero la capacidad propia para enfrentar los retos que se presentan es lo que determina el éxito. Con frecuencia somos nuestro peor enemigo cuando se pone a prueba la fe que tenemos en nuestras habilidades. La forma en que encaramos nuestros temores, la cautela que empleamos y qué tantos riesgos estamos dispuestos a correr, todos estos son puntos a los cuales nos enfrentamos en forma repetida. Cuanto más pronto puedas manejar tus demonios internos, mejor estarás. Si bien nunca afirmaría que soy experta en la vida, espero que compartir mis experiencias y explicar cómo hice para sortear los difíciles acontecimientos te ayudará en tus empeños ya sean personales, profesionales o de ambas clases.

Todos sacamos fuerzas de distintas fuentes. Sé que cuando necesité más fortaleza, conté con los amigos de confianza, la familia y la fe en un poder superior. Si alguna vez pasó por mi mente darme por vencida, pensé que sería mucho más fácil para otros si yo abriera brecha, allanando el camino para que sigan mis pasos. Con el consuelo de saber que alguna vez uno mismo fue el primero en hacer algo, se vuelve experto en prever los obstáculos comunes; aprenderá a manejar los estereotipos que otros pueden proyectar en uno. Recuerda que sólo tú tienes el control sobre la forma como vives *tu* vida, y tratar de controlar a otros es un esfuerzo inútil.

Inevitablemente, el camino que recorran los conducirá a algunas decepciones. Mientras aprenden a arreglárselas con sus esperanzas truncadas, sepan que la mayoría de las veces será más difícil enfrentarse al hecho de que otros los decepcionen. En ocasiones incluso sus amigos, o quienes pensaban que eran sus amigos, les causarán disgustos. Por difícil que resulte, traten de no pensar demasiado en estos momentos que no pueden controlar. No olviden mantenerse en movimiento: la brecha que abran para otros será gratificante. Todo en la vida tiene un precio y eso incluye el papel privilegiado de ser el primero.

En mi vida, todo comenzó con ser el primer miembro de la familia, y el único, que se graduó en la universidad. Sin este logro, dudo mucho que hubieran seguido muchas otras "primeras veces" profesionales. Lo siguiente fue ser la primera madre de un niño con discapacidades que trabajó como jefa de asuntos legislativos del Departamento de Servicios para el Desarrollo. Esa oportunidad constituyó una mezcla de lo personal y lo profesional, porque surgió cuando descubrí que mi misión de vida es dejar el mundo como un mejor lugar para familias como la mía, que tienen hijos con discapacidades. La lista de primeras veces continuó: la primera mujer en nuestro ayuntamiento, la primera latina que presidió el Consejo Estatal de Discapacidades en el Desarrollo, la primera inmigrante en ser tesorera de Estados Unidos y, por último, la primera latina en California que se postuló para un escaño en el Senado del país.

Cada vez que he sido la primera en intentar algo, estoy al tanto del privilegio y la responsabilidad que entraña. Al buscar cualquier puesto, estoy muy consciente de su importancia. Muchas han sido las personas que han estado a mi lado y deseado mi éxito. Pero hubo otros tantos a quienes les hubiera fascinado mi fracaso. Supe que mi éxito llamaría al éxito para otros que vinieran después. Por otra parte, si hubiera fracasado, esto hubiera significado cerrarle la puerta a alguien que viniera después, en particular a otras latinas. Este conocimiento, junto con el peso de esta responsabilidad, ha generado la adrenalina necesaria para mantenerme concentrada y tener éxito una y otra vez. Ya les conté mi vida, pero ahora enfocaremos en primer plano los momentos específicos cuando me enfrenté al reto de ser la primera. Tengo la esperanza de que sirva de inspiración para que ustedes se aventuren a cualquier reto que se les presente hoy y en el futuro, sin importar si alguien lo intentó antes o no. De cualquier manera, será la primera vez hasta que lo intenten.

La primera en graduarse en la universidad

Comencemos con mi escolaridad. Ser la primera en la familia que se graduó en la universidad requirió que pusiera en perspectiva las expectativas familiares y personales. Mis padres asistieron solamente seis años a la escuela y ver a casi todos sus hijos graduarse de *high school* sobrepasó lo que consideraron posible. Tuve la fortuna de contar con el apoyo emocional de mi familia. Recuerdo que mi tía Josefina en México me cubría de elogios, diciendo a todos lo orgullosa que estaba de mis logros escolares, como pertenecer a la escolta. En Estados Unidos, mi familia conocía en forma abstracta la importancia de la instrucción, pero no tuve el beneficio de los mecanismos de respaldo concreto existentes en otras familias que por generaciones habían llegado a niveles de educación más altos.

Hubo un momento crucial para mí cuando un maestro en Estados Unidos se rió junto con los alumnos de los pobres resultados que saqué en la prueba de IQ. Desde luego, puede resultar difícil hacer una prueba cuando no se entiende el idioma en que está escrita. Aunque sigue siendo un recuerdo doloroso, también fue un regalo que perdura. Tenía algo que probar y aunque se inició con un acontecimiento externo, pronto se trató de demostrar mi valía. Estaba motivada y nunca satisfecha, a pesar de sobrepasar todas las expectativas. Al final, tenemos que sincerarnos con nosotros mismos sobre qué pocas son las personas a quienes verdaderamente les importa que consigamos un nivel de instrucción más alto. La educación trae su propia satisfacción y una consecuencia es el éxito posterior alcanzado cuando se hace buen uso de ella en el mundo. Sé que mis padres (en ese momento) cuestionaban por qué me parecía tan importante graduarme en la universidad. Lo entendieron hasta después de que vieron lo lejos que pude llegar con mi instrucción. Estaban orgullosos de haber criado a una hija tenaz que podía asumir la responsabilidad por su propio éxito. Ustedes deben hacer lo mismo, aun cuando quienes los rodean no esperen algo mejor. Aunque siempre es agradable oír elogios y recibir honores, la mejor recompensa es la superación personal.

Una vez que obtuve mi título, no estuve satisfecha. Vi hacia atrás y me di cuenta de que mis hermanos pronto estarían en el mismo sitio. Cuando mi hermana Nancy se graduó de *high school* le regalé un coche para que pudiera trasladarse a la universidad. Le hice saber que podría aprovechar mi experiencia y que si necesitaba algo, yo le serviría de apoyo. El coche era un mero instrumento que le permitiría transportarse. Tenía todo lo que necesitaba para triunfar y, no obstante, decidió no terminar la carrera en ese momento. Desde luego me sentí decepcionada. Yo no tuve modelos a quienes emular y me vi en la necesidad de trabajar duro para comprar mi primer coche. Me di cuenta de que había hecho todo lo que podía por mi hermana y que, en última instancia, todos tenemos que aceptar y seguir con la vida a pesar de nuestras decisiones. Hace unos años, Nancy decidió regresar y tratar de terminar sus estudios. Por su propio bien, espero que así sea.

En la actualidad, cada vez que digo "buenos días" o "buenas tardes" a alguno de mis 21 sobrinos y sobrinas, después los bombardeo de preguntas: "¿Cómo va la escuela?, ¿qué calificaciones tienes en matemáticas e inglés?, ¿a qué universidad vas a ir?" No importa cuáles sean sus respuestas, me aseguro de subrayar la importancia de la educación. Si se atrasan, les conseguimos clases particulares. Si están aburridos, tal vez no son suficientes los retos. Abstenerse de los estudios superiores ya no es una alternativa y no hay excusa que valga para no cursarlos. Al ser la primera, dejo de manifiesto que haré todo lo que esté en mi mano para garantizar su éxito.

Con el reto de ser el primero en algo también viene un conjunto de oportunidades estimulantes. Cualquier éxito obtenido no sólo te beneficia a ti, sino también sirve de ejemplo a los que prevén encontrar barreras semejantes. El hecho de no ceder a tus temores ni darte por vencido te sirve a ti e inspira a otros para lograr el mismo éxito. Nada hay más conmovedor que cuando encuentro a otras latinas que tienen la misma motivación que yo para triunfar. Me halaga cuando dicen que quieren ser como yo. Esté lo ocupada que esté, me tomaré el tiempo para darles palabras de aliento. Trato de transmitirles que, aunque casi nunca ha sido fácil para mí, pude triunfar y eso significa que ellas también pueden. Hay un dicho famoso en la comunidad latina: ¡Sí se puede! Es un grito de unión que popularizó el activista César Chávez. Muchas veces digo a las jóvenes estudiantes latinas que pueden conseguir cualquier cosa que deseen de corazón. Por supuesto, los padres latinos tienen que dejarlos ir. Me duele especialmente saber de jóvenes latinas a quienes ofrecen becas en la universidad, pero no las aceptan porque sus padres quieren tenerlas cerca. En México, una chica no suele salirse de su casa sino hasta el día de su boda. Sin embargo, esto es la Unión Americana y, sin un título universitario, las oportunidades son limitadas. Vuelvo a decir, algunas veces somos nuestros peores enemigos.

Espero que la vida que he llevado sirva de ejemplo y agregue credibilidad a mis recomendaciones. Les cuento a otros latinos que yo provengo de una familia pobre y que nunca me ofrecieron becas ni subsidios. Me tomó un largo tiempo terminar mi instrucción, pero la conclusión es que perseveré y me gradué. Frecuentemente, saber que no serás el primero te da el consuelo y la confianza necesarios para empezar.

Primera latina y madre de un niño con discapacidades que llega a ser jefa de asuntos legislativos del DDS

Soy una orgullosa latina que ha trabajado duro para llegar a donde estoy. Y, sin embargo, algunas personas me dijeron que la única razón por la que me han ofrecido los puestos es concretamente por mi origen étnico. Me he enfrentado al síndrome "lo obtuvo porque es latina" incontables veces. Cuando fui la primera madre de un niño con discapacidades a la que designaron jefa de asuntos legislativos del Departamento de Servicios para el Desarrollo (DDS), una colega me dijo: "Nada más te trajeron acá porque eres latina". Su comentario fue particularmente doloroso porque ella también lo es. Tardé un tiempo en darme cuenta de que sólo estaba proyectando en mí su nivel de aversión a sí misma. No se tomó la molestia de verificar mi experiencia. No le importó que yo hubiera creado una red completa de apoyo en español para las familias latinas de niños con síndrome de Down. Ni hablar de que encabecé una campaña de cabildeo con éxito en la legislatura para brindar mejores servicios a nuestros hijos. No era importante que pasara años como activista voluntaria en pro de mi comunidad. Hubiera sido muy difícil que entendiera que yo tenía más que ofrecer en mi puesto como madre y activista de lo que hubiera hecho sólo por ser latina.

Inicialmente, me dolía el estómago con este tipo de comentarios. Después del primer encuentro, las otras dos latinas de Sacramento se sumaron al coro para decir que el gobernador usaba mi calidad de latina para sus fines. Me fui a casa y lloré. Trataron de derrumbarme psicológicamente, y en un principio lo lograron. Pero luego me di cuenta que la naturaleza de la política tiene más relación con esos comentarios que la realidad. La única diferencia fue que ellas eran demócratas y yo republicana. Todas éramos latinas en puestos influyentes, pero eligieron consumirse de envidia y celos. Yo decidí no tomar represalias y les regresé las preguntas. Tomé la firme decisión de no rebajarme a su nivel. Habrá muchas veces en que las personas los provoquen con la esperanza de que entren a la pelea. Lo mejor es aprender cuáles peleas merecen nuestro tiempo y esfuerzo.

Necesité procesar la experiencia discriminatoria inicial a fin de estar lista para la siguiente, que no tardó mucho en llegar. Esta vez, cuando se insinuó que llegué a donde estaba por ser latina, sencillamente sonreí y dije: "¡Ya lo creo!" Estas tres palabras de inmediato desarmaban al ofensor, quien esperaba hacer daño. Ahora sé lo suficiente de política y, lo que es más importante, sobre mí misma; si alguien dice que llegué a algún sitio porque soy latina, me río de ellos.

PRIMERA MUJER LATINA MIEMBRO DEL AYUNTAMIENTO DE HUNTINGTON PARK

Hubo dos mujeres, ambas latinas, elegidas para el ayuntamiento por vez primera en 1994. Como recibí más votos que la otra y de inmediato me nombraron alcaldesa interina, fui la más afectada por los comentarios degradantes de un miembro que llevaba muchos años en el ayuntamiento. La mayor parte del tiempo pude hacer caso omiso de sus comentarios sobre las mujeres y las minorías, porque para mí resultaba obvio que era una reliquia con los ojos cerrados a las realidades de nuestra ciudad. Pocas veces pudo sacarme de mis casillas, porque en vez de enojo suscitaba lástima. Lo que correspondía era que el final de su carrera se precipitara por los comentarios despectivos que hizo sobre los latinos. Fue una lección valiosa: a veces, si dejamos pasar suficiente tiempo, veremos que las personas que nos hirieron causan su propia desaparición. Si los dejamos hacer lo que quieran, a la larga cavarán su propia tumba.

Primera directora latina del Consejo Estatal para Discapacidades en el Desarrollo

Cuando me eligieron directora del consejo, las fuerzas políticas opuestas al gobernador Wilson dijeron que me estaban usando sólo porque era latina. De nuevo me di cuenta que eso no tenía relación conmigo, sino con el hecho de que el gobernador era un republicano que ponía a una republicana en un puesto influyente.

Aprendí a enfrentarme a los comentarios con toda la naturalidad. Sería una pérdida de tiempo tratar de convencer a alguien de mis méritos. Esa energía estaría mejor empleada en el logro de mis metas. Una vez que me deshice de la necesidad de justificar mi nombramiento, me sentí liberada. También aprendí que hay personas con baja autoestima y tienen la necesidad de menospreciar a los demás para sentirse superiores, supe que la única reacción adecuada era sentir lástima por ellas.

Primera inmigrante en convertirse en tesorera de Estados Unidos

Como la primera inmigrante que se convirtió en tesorera de Estados Unidos, hice historia. Para mí, fue la culminación de una carrera en el servicio público. Lo que debería haber sido un acontecimiento puramente festivo para los inmigrantes de todo el país, en especial para los latinos, se manchó un poco cuando los comentarios sobre la comunidad latina empezaron a hacer presa de mí como parásitos.

Poco después de mi designación, un reportero de gran reputación en México me preguntó qué pensaba de los críticos que decían que me ofrecieron el puesto sólo porque soy latina. ¿Qué hice? Por supuesto, le dediqué una amplia sonrisa y exclamé: "¡Eso espero!" Se rió y la entrevista prosiguió. He llegado a un punto en mi vida en que la ignorancia no me ofende, porque puedo encontrarle lo humorístico. La risa, cuando está dirigida adecuadamente, puede ser la máxima arma de tu arsenal.

Lo que aprendí, a veces con dolor, es que siempre habrá algún aspecto de uno que otros pueden aprovechar en un intento por quebrantarle el espíritu. Algunos de estos intentos serán sutiles y otros, declarados. Hagan lo que hagan, no le den a nadie el poder para que cuestione su raza, género, afiliación partidista, posición social o, para el caso, cualquier otra cosa. Hay pesimistas que se les prenderán de los tobillos cuando vayan subiendo, pero a ustedes le toca apartarlos con un puntapié.

PRIMERA LATINA EN CALIFORNIA QUE SE POSTULA A UN ESCAÑO EN EL SENADO ESTADOUNIDENSE

Cuando entré a la contienda para el Senado estadounidense, un miembro demócrata latino dijo que yo era la mucama mexicana del Partido Republicano. Una vez más, era uno de los míos a quien le hubiera gustado verme fracasar. Hay que reconocer que él se consideraba criado del partido demócrata y sentía que podría imponerme su bajo amor propio. Incidentalmente, esto fue unos cuantos meses después de que Harry Belafonte comparó a Colin Powell con un esclavo doméstico. Aunque esa fue una afirmación injustificada, me hizo sentir que no era la única.

Por supuesto, al ser latina, muchas personas esperaban que estuviera inscrita como demócrata. De alguna manera, han fomentado la creencia equivocada de que como soy inmigrante y latina, no tengo alternativas en mi afiliación partidista. Por desgracia, a menudo parece que si uno no es demócrata se le considerará menos latino. No sé cuándo se hizo aceptable que las personas cuestionen el origen étnico con base en la afiliación partidista, pero es algo que he encontrado muy seguido.

Todo lo que vale la pena tiene un precio y eso incluye la participación política. La atribución de culpas y los comentarios insidiosos son un precio reducido que se pagará para garantizar que, como comunidad, los latinos estén representados en los dos partidos políticos más importantes. Con frecuencia he dicho en broma que me invitan a hablar en muchos actos no lucrativos de latinos, porque lleno su cuota apartidista. Sin embargo, dicho en serio, considero que hay que juzgar a las personas por sus acciones. Cualquiera que vea mi historia se dará cuenta de que cada vez que he tenido un puesto influyente, he podido brindar servicios y programas a la comunidad latina. En última instancia, esto deberá ser más importante que si soy republicana o demócrata.

Mis acciones son las que han garantizado mis logros. Nadie me ha entregado nada en charola de plata y tuvieron que pasar años antes de que pudiera comprar una. No tengo que disculparme por mis éxitos pues los conseguí a la antigua: mediante un arduo trabajo. Entendería estas críticas si no hubiera luchado a brazo partido para llegar a donde estaba. Siempre me enorgullecí de haber trabajado más que cualquiera que conocí en todos los puestos que ocupé. Me aseguré de ser siempre la primera en llegar y la última en salir de la oficina.

He desarrollado una buena coraza y ustedes deben hacerlo así. A través de los años he declarado que mi mamá debió darme muchos baños de aceite cuando era niña porque todo se me resbala. Hubo innumerables ocasiones en que me han señalado y he tenido que navegar por las aguas turbias de la falta de autoconfianza. Con el tiempo, se ha vuelto más fácil encarar mi calidad de minoría, como inmigrante en la escuela, como joven inmigrante latina que trabajaba en un banco de Beverly Hills, como republicana en una ciudad demócrata... y la lista continúa.

Lo que quiero, más que otra cosa, es asegurarme de dejar abiertas todas las puertas de las oportunidades. Para ello he tenido algunos mentores sensatos que han detenido las puertas para que no se cierren, pero sólo después de que yo las abrí. Sugiero que ustedes también busquen a personas que hagan aquello que a ustedes les gustaría hacer o que vivan el tipo de vida que imaginan para ustedes. Una vez que encuentren a estos mentores, aférrense a ellos hasta que hayan aprendido todo lo posible. De igual modo, asegúrense de capacitar a quien esperen los vaya a reemplazar cuando ustedes prosigan su camino. Para mí siempre ha tenido suma importancia capacitar a mis sustitutos. Hace tiempo aprendí que no era aceptable oír, "¿cómo podemos darte un ascenso cuando no hay quien haga tu trabajo?" Entendí que la mejor respuesta a esa pregunta era preparar a alguien para mi puesto. Esto garantizaba que, la próxima vez que surgiera una oportunidad, me tomarían en cuenta para un puesto más alto.

Me gusta decir que ya no podemos preocuparnos sólo por vencer las barreras, sino que necesitamos eliminarlas para la generación que viene detrás. Esto garantiza que su energía la dedicarán a tener logros mayores que los nuestros. Por tanto, les pido que ayuden a la persona sucesora para que alcance sus metas. Si alguien les ayudó a llegar a donde están hoy, piensen en corresponder.

Si todavía están en camino de alcanzar el sueño americano, lean las siete medidas fructíferas que les ayudarán en su jornada.

14. Las siete medidas fructíferas

En esta última sección quisiera hablarles de las siete medidas más importantes que he tomado repetidas veces para alcanzar el éxito. Como con cualquier otra cosa, cuanto mayor sea la frecuencia con que las tomen, más expertos se volverán para aplicarlas. Nadie comienza forzosamente una jornada provisto de todo lo que necesita, pero espero que estas siete medidas fructíferas les sirvan de reglas generales. Estas medidas sugieren ciertos valores que me guiaron, sostuvieron y condujeron a lo largo de los años. Aunque muchas personas pretenden apreciar cierto valor, no es sino hasta que lo ponen a prueba cuando pueden decir con confianza que lo poseen. Durante los momentos más difíciles de mi vida, cuando la prueba fue en circunstancias que escapaban a mi control, estas medidas me ayudaron.

He descubierto que el mejor consejo es directo, sencillo y aplicable de inmediato en cualquier aspecto de la vida. No creo que alguien pueda ser una clase de persona en público y otra en privado: sólo soy un individuo, a pesar de mi entorno. He leído muchos libros donde se da un consejo sin poner ejemplos. Como ya están familiarizados con varios momentos fundamentales de mi vida, retrocederé un poco para analizar más las otras dimensiones de estos acontecimientos. Espero que mis experiencias les ayuden si alguna vez se enfrentan a retos similares. Sin más preámbulos:

1. Siempre hagan lo correcto.
2. Siempre hagan su máximo esfuerzo.
3. Siempre traten a los demás como quieran ser tratados.
4. Escuchen su propia voz.
5. Elijan con todo cuidado, luego actúen.
6. Por difícil que resulte, aparenten tener valor.
7. Cuando alcancen el poder, cerciórense de usarlo.

1. Siempre hagan lo correcto

Al aproximarse a las tareas grandes y pequeñas que conforman los trabajos ordinarios y extraordinarios, habrá ocasiones en que se verán tentados a hacer algo que saben que no es correcto. Recuerden siempre el consejo que me dio la mujer miembro de la asamblea legislativa cuando confrontamos la crisis presupuestaria: marca una línea de conducta y no te apartes de ella. Ustedes también deben marcar sus propias líneas.

La tentación de actuar en contra de su voz interior será fuerte, sobre todo cuando nadie los vea. Yo crecí con el entendimiento fundamental de que en estas ocasiones es cuando sus valores están realmente a prueba. En la política ha habido muchas salidas potenciales que, tal vez, podrían haber sido ventajosas en otros niveles. Sin embargo, sé que a fin de cuentas debo enfrentarme conmigo misma. A pesar de que alguien se dé cuenta o no, en última instancia tendrán que aceptar y seguir la vida con todo y sus decisiones. Si pueden verse al espejo con orgullo, entonces pueden resistir con dignidad aun la pérdida más devastadora.

Casi en todos los discursos que pronuncio, destaco el hecho de que les podrán quitar su casa, su puesto y todo lo que posean, pero nadie puede quitarles su integridad. Sólo ustedes pueden desbaratarla. Esto puede suceder del modo más sutil, tanto en el nivel consciente como en el inconsciente. Ustedes no sólo deben resistir, sino también proteger su integridad con todas sus fuerzas. Incluso la integridad más sólida se desmorona si sus propias acciones la desbaratan. Han sido incontables las veces en mi vida cuando hubiera sido más fácil ir con la corriente y no hacer lo que sabía que era correcto. Durante estos momentos fue cuando mi carácter estuvo a prueba. Les hablaré de algunos de ellos.

El consejo de una mujer miembro de la asamblea legislativa

"Siempre marco una línea de conducta y me prometo que de ninguna manera me apartaré de ella. Eso también significa que nunca hago concesiones para dar cabida a mi situación vigente, porque eso equivale a adoptar una conducta inaceptable. También me aseguro de no encontrar pretextos para mover esa línea. Una vez que uno actúa así, habrá que preguntarse, ¿cuándo me detendré?"

Estas palabras útiles me acompañaron mucho tiempo después de salir de la oficina de esta asambleísta. Acudí en busca de orientación cuando la propuesta que sería presentada iba a debilitar gravemente el sistema para las personas con discapacidades. Sus palabras me alentaron a tomar la decisión que cristalizó quién era yo. Lo que me impulsaba cada día era mi necesidad de hacer lo correcto. En este contexto en particular, eso significaba permanecer fiel a mi misión de ayudar a personas como mi hijo Eric y sus familias.

Muchas veces sucede eso al calor de las guerras legislativas; si las personas no están dispuestas a adoptar una postura, sufren los más vulnerables. Estoy satisfecha de que eso no ocurrió en esa ocasión.

Propuesta 187
No podía seguir ocultando mi verdadero parecer sobre la Propuesta que negaría servicios a miles de inmigrantes indocumentados. Aunque sabía que iba en contra de la corriente política republicana, no podría vivir tranquila si me dejaba arrastrar por ésta. Tuve que armarme de valor para pararme frente a mis colegas y decir: "Quiero que todos ustedes sepan que haré todo lo que esté en mi poder para lograr la reelección del gobernador, pero también me manifiesto en contra de la Propuesta 187, lucharé con la misma firmeza para derrotarla".

También les supliqué que retiraran del aire el comercial en blanco y negro de los niños latinos en el salón de clases. El comercial daba a entender que los dólares de la recaudación fiscal no deberían financiar la educación de los niños indocumentados. Sé que mi voz se quebró y las rodillas me temblaban, pero lo importante es que dije lo que necesitaba decir. Hubo silencio absoluto en la sala cuando tomé asiento. La persona que nos informó sobre la campaña del gobernador me recordó que la compra de anuncios era aparte de la campaña para la 187. El gobernador no tenía nada que ver con los comerciales. Sin embargo, entendió la situación y preguntó si había otras personas que pensaran lo mismo. Aunque al principio vacilaron, otros comenzaron a intervenir. Al ver alrededor en la sala, me sentí muy orgullosa de mis colegas latinos. Era obvio que esto resultaba doloroso para todos nosotros. Los niños no deben estar en el tapete de las discusiones, explicamos. Nos prometió revisarlo y transmitir los mensajes que habíamos pronunciado. Haría lo que pudiera para suspender ese comercial. Un par de días después, salió del aire.

Hubiese sido más fácil no expresar mi verdadero parecer sobre la Propuesta 187 y el comercial ofensivo. Empezaba a sentir que tomar la decisión correcta a menudo causa molestia. En este caso, tenía que hablar por los que no tienen voz y no estaban en la sala, aun si eso significaba perder la estimación de mis colegas republicanos. Corrí el riesgo de que se distanciaran de mí y me calificaran de traidora. Pero tenía que ser sincera con ellos y, lo más importante, conmigo misma.

Una y otra vez he descubierto que cuando defiendes tus creencias, las personas te respetan y algunos incluso pueden cambiar de opinión y estar de acuerdo contigo. Lo importante no es sólo qué medida decides tomar, sino también cómo explicas tu punto de vista a quienes te rodean. Trato de plantear mis argumentos pintando una imagen que se desborda con mis pasiones y convicciones. Recuerden que es muy probable que las personas se queden no sólo con lo que ustedes dijeron, sino también con cómo lo dijeron. Mis sentimientos siempre afloran. Es muy poco común que alguien tenga dudas en torno a cuál es mi postura sobre un asunto.

El alma no está en venta
El día que un miembro influyente del partido demócrata se reunió conmigo, tuve la oportunidad de evitar dificultades. Después de explicar que el gobernador Wilson no era el candidato adecuado para la comunidad latina, me pidió que renunciara a mi afiliación partidista y apoyara al contrincante del gobernador. A cambio, me garantizaba que yo sería miembro de la asamblea legislativa en la primera elección posible. Desde luego, en ese momento me sentí ofendida. Después me di cuenta que mi esposo tenía razón: muchas personas en la misma situación habrían renunciado a sus convicciones para conseguir un puesto más alto.

Como he dicho, todo tiene un precio. Siempre habrá personas dispuestas a vender su alma si les llegan al precio; venderán sus convicciones por miles de razones. Hace tiempo yo tomé la decisión de que no hay precio que baste; sugiero que hagan lo mismo. Mantener sus creencias y convicciones rendirá al final dividendos más generosos. Sé que no hubiese podido seguir con mi vida de haberla emprendido contra el gobernador. Sé que una decisión como ésa hubiera desembocado en una confusión interna. Por lo que a mí toca, ningún cargo vale las noches de insomnio. El gobernador se enteró de este incidente mucho tiempo después de dejar su cargo. Mi decisión no se basó en qué favorecería mi carrera, sino en lo que pensé que era el camino correcto.

Invitación al gobernador Wilson para visitar Huntington Park

Tomar la decisión correcta en este caso concreto supuso hacer todo lo que podía para detener el problema delictivo en Huntington Park. La mayoría de los incidentes eran resultado de la violencia pandilleril. Cada día ocurrían más disparos absurdos desde vehículos, muertes de niños valiosos y homicidios. No necesitaba leer el periódico o sintonizar los noticiarios, todas las consecuencias estaban alrededor. Reducir el porcentaje delictivo era mucho más importante para mí que conseguir la reelección para el ayuntamiento. Sabía que muchos líderes políticos y ciudadanos estarían en contra de que invitara al gobernador Wilson para que fuera a Huntington Park. Todavía existía mucho resentimiento palpable con respecto a la Propuesta 187 y sus efectos en nuestra comunidad (más adelante sería declarada inconstitucional). Aunque simpatizaba con lo que las personas se proponían, también supe que los fines justificaban los medios. Si se requería traer a un político impopular a mi ciudad con objeto de resaltar un problema creciente, pues así sería. Me enfrenté a mucho enojo y resentimiento al seguir el camino correcto.

Traer al gobernador a nuestra ciudad provocó que el porcentaje delictivo bajara. A través de un programa estatal, el gobierno federal dio a nuestra ciudad tres helicópteros que se emplearon para patrullar desde el aire. Hubo una reducción significativa en la violencia de las pandillas. Cumplí mi cometido al hacer lo que pensé era lo mejor para mi ciudad. Actuar en forma adecuada tuvo su compensación: el porcentaje delictivo bajó y los ciudadanos expresaron su gratitud reeligiéndome.

2. SIEMPRE HAGAN SU MÁXIMO ESFUERZO

No importa lo pequeño que sea el trabajo o la escasa importancia de la tarea, siempre deben esforzarse al máximo. Esto se aplica en especial a los casos en que pueden hacer lo mínimo. El máximo esfuerzo puede variar de un día a otro, pero mientras lo intenten, no hay nada más que se les pueda pedir. Aun cuando estén muy por debajo de las expectativas de alguien, nunca lo estarán de las propias. Aunque no "triunfen", según el punto de vista de alguien más, cuando menos no se defraudaron. En última instancia, un trabajo bien hecho es su mayor recompensa.

El premio Rose Fitzgerald Kennedy
Un día Denny Amundson, director del Departamento de Servicios para el Desarrollo, me llamó a su oficina para decirme que me había nominado al Premio Rose Fitzgerald Kennedy. Yo no había oído hablar de este premio, pero me sentí halagada de que valorara tanto mi trabajo como para nominarme. Una vez que me enteré de la Fundación Joseph P. Kennedy Jr. y sus premios internacionales, el sólo pensar en una nominación ya era un honor. En ese momento, tenía muchas cosas entre manos. Había trabajado para el DDS casi dos años y tuvimos éxito al reformar todo el sistema de California. Dirigía el Consejo Estatal de Discapacidades en el Desarrollo y me habían elegido para el ayuntamiento. Todo ese tiempo, permanecí ocupada en FUERZA, la organización de vo-

luntarias que formé para apoyar a las familias hispanohablantes de los niños con discapacidades.

Incluso al pensar en todos estos logros, ¿cómo podía recibir un premio que lleva el nombre de una mujer que ha tenido tanto impacto en la vida de los niños con discapacidades alrededor del mundo? Sencillamente no había manera de compararme con los logros de un ser humano tan excepcional. Pensé que así deben sentirse los actores cuando los nominan a un Óscar.

Pasaron unos meses antes de que recibiera una llamada de la fundación. Esperé unos segundos a que la secretaria de Eunice Kennedy Shriver me comunicara con ella. Con una voz serena me dijo que, la noche anterior, sus hermanos habían revisado todas las solicitudes y todos estuvieron de acuerdo en que yo debería recibir el premio que honraba a su madre. Luego me explicó que el premio de ese año tenía una importancia especial, ya que su madre había fallecido a principios del año.

"Yo quería hablar con usted personalmente", dijo. "Me conmovieron todas las cosas que ha hecho como resultado de que su hijo tenga el síndrome de Down."

"Sólo hice lo que pensé que era necesario", respondí.

"Y eso es precisamente lo que me recordó a mi madre", añadió. "Mi hermana Rosemary fue una fuente de inspiración para ella y el motivo por el cual decidió crear y propugnar por los programas para personas con retraso mental."

Me sentí honrada de que me comparara con su madre. Empezó a leer los documentos de la nominación que Denny había entregado. Enumeró mis diversos logros y dijo que le complacía enterarse de la combinación de políticas públicas y política que existía en mis antecedentes. Habló de la influencia que su madre ejerció en el presidente Kennedy para proteger a las personas con discapacidades y por qué, en los círculos políticos, necesitamos personas que comprendan esas necesidades. Le conmovió que hubiera decidido ayudar a personas que sólo hablan español y entendió que para quienes no hablan inglés es mucho más difícil el acceso a los servicios necesarios para sus hijos. También le impresionaron las misas especiales que se celebran para las familias. Me contó que su madre fue católica y que la fundación creó un catecismo para personas con retraso mental. También mencionó que su madre era la verdadera persona política de la familia. Le agradaba que me hubieran elegido para el ayuntamiento y que con frecuencia hablara del poder del gobierno para hacer el bien.

Me quedé sin habla. Qué increíble distinción que me dieran un reconocimiento por mi trabajo, en especial de esa manera tan inesperada. Le dije que me sentía con pocos méritos, sobre todo comparada con los logros de su madre. Le reiteré que sólo había hecho lo que me parecía necesario hacer. Mis logros fueron resultado de cumplir con las obligaciones que eran bien recibidas. Cuando nació mi hijo y no había grupos de apoyo hispanohablantes, supe lo que tenía que hacer. Siempre había sido así: encontrar una necesidad insatisfecha y ponerme a trabajar.

Al terminar la conversación con la señora Shriver, me dijo que permaneciera en la línea para hablar con el director ejecutivo, quien haría los arreglos para que yo volara a Nueva York con mi familia. La ceremonia tendría lugar en julio de 1995, la víspera del Simposio Internacional sobre Derechos de las Personas con Retraso Mental en las Naciones Unidas. Yo estaría allí con representantes de todo el mundo y otros recipiendarios de premios internacionales. Me dijeron que mi premio sería el último de la noche. El director pidió el nombre de una familia que pudiera atestiguar cómo los había ayudado a través del grupo de apoyo FUERZA. Mi mente comenzó a trabajar. El grupo había ayudado a tantas familias a lo largo de los años que fue difícil reducir la lista. Me sugirió que encontrara una donde se notaran los resultados.

Decidimos preguntar a la familia Alcaraz si querían ir con nosotros a Nueva York. También vivían en Huntington Park y nuestras familias habían estrechado lazos a lo largo de los años. Cuando llegamos a la ceremonia, Ana no pudo decir lo que necesitaba porque su fuerte no era el inglés. Su esposo, Ignacio, habló en nombre de la familia. Narraron cómo se habían puesto en contacto conmigo cuando su hijita Gaby nació con síndrome de Down y no resistía la idea de cuidarla. Ella le pidió a su mamá que viajara desde México con la intención de pedirle que se llevara a la bebé. Dijo que su mamá se quedaba todo el día en la recámara con la niña. Sin importar cuánto lo intentara, Ana no se hacía el ánimo de cargar a Gaby. No quería saber nada de ella. Ya habían hecho los arreglos para que su mamá se fuera a México con la pequeña; conforme se acercaba el día, la culpa empezó a agobiarla.

Cuando visité a Ana por primera vez en su casa, le pedí ver a la bebé. Cuando la abuela salió de la recámara meciéndola, le pregunté si yo podía cargar a Gaby.

La tomé con cuidado, la miré a sus bellos ojos y comencé a susurrar y hablarle en media lengua. Gaby se rió en forma incontrolable. El asombro de Ana fue inconmensurable. Se veía azorada, como si me preguntara: "¿Cómo pudiste hablarle a *esa* bebé como si fuera cualquier otro bebé?" Ana no acababa de entender cómo era que Gaby merecía la misma atención que cualquier otro bebé. Ante todo, ella era una bebé; sí, tenía síndrome de Down, pero eso era secundario. Sostuve a Gaby en mis brazos por un rato mientras le hablaba a Ana. Ella sabía que yo entendía todo por lo que estaba pasando. Yo había tenido sentimientos de rechazo semejantes cuando nació Eric. Mi amiga Elise estuvo dispuesta a ayudarme para hacerme saber que no había ningún problema y yo esperaba hacer lo mismo con Ana.

Cuando iba a entregarle a Gaby a Ana y no a la abuela, su reacción inicial fue de duda. Le pedí que por favor la cargara. Al principio parecía cohibida, casi temerosa. Cuando al final extendió los brazos para tomarla, se le salieron las lágrimas y no cesaron por un buen rato. Después de ese día, dijo que no pensaba renunciar a Gaby. Por primera vez, esa noche la bebé durmió en la recámara de Ana.

Esa visita había cambiado la vida de esta familia. Si no hubiera ido yo, lo más probable es que Gaby hoy estuviera viviendo con su abuela en México. Nunca hubiera tenido la posibilidad de desarrollar una relación con su madre, su padre y sus hermanos. Se habría esfumado en los recovecos de la memoria familiar, nunca hablarían de ella, como si fuera un secreto bochornoso.

Cuanto sale de mi escritorio lleva mi firma

Sentada frente a mi escritorio esperaba al vicepresidente del banco, el señor Kyman, para que firmara la carta que yo le había mecanografiado ese día más temprano. Hacia el final de mi turno, me llamó a su oficina y pidió que me sentara. Eso pocas veces es una buena señal. Me preparé para una reprimenda verbal. Me dijo que le había desilusionado encontrar una errata en la carta que me había dictado. Me regresó la hoja y dijo que nunca había firmado algo que tuviera errores, porque perjudicaba su reputación. Lo más importante, dijo, era que nunca debería darle algo que tuviera una errata, pues también me perjudicaba. Después dijo unas palabras que quedaron grabadas en mi memoria desde entonces: "Todo lo que sale de mi escritorio lleva mi firma y, como tal, refleja la clase de trabajo que hago. Por consiguiente, debe ser excelente".

Dijo que nunca esperaba perfección, pero sí esperaba excelencia. Si no podía confiarme una tarea pequeña como revisar la ortografía de una carta, entonces, ¿cómo podía confiarme algo mayor? A continuación me explicó que cada uno de nosotros tiene talentos y debemos tener la oportunidad de emplearlos. Podía ver que yo tenía potencial, pero el trabajo descuidado desacreditaría mis esfuerzos. Había esperado algo mejor de mí y, por eso, estaba disgustado.

Salí de su oficina temblando. En vez de estar enojada me recriminé por no ser más cuidadosa. Algo como una errata parecía una equivocación mínima, pero lo que representaba no lo era. Sabía que le asistía la razón y estaba realmente agradecida por la lección. Si no podía confiarme cosas pequeñas, ¿cómo esperar que me confiara tareas más importantes? Quedé disgustada, pero me prometí que a partir de entonces, revisaría dos veces cualquier cosa que saliera de mi escritorio. Aunque en el trabajo no siempre estuviera mi firma material, sí llevaba mi sello de excelencia.

Al progresar en mi vida profesional, me aseguré de contar esta anécdota a mis compañeros de trabajo y a mis subordinados. Desde ese día, emprendo todas las tareas, por pequeñas que sean, con gran dedicación, entusiasmo y compromiso.

La meta es la excelencia, no la perfección
Como siempre hago mi máximo esfuerzo y espero que quienes forman parte de mi equipo también lo hagan. También creo que, la mayoría de las veces, las personas satisfacen las expectativas si se hace una explicación clara. Con frecuencia, las personas en verdad me sorprenden y su desempeño es mucho mejor de lo previsto. En consecuencia, espero lo mejor de todos aquellos con quienes tengo contacto. Por lo general, en la primera junta les doy "la charla" sobre mis expectativas; al final siempre digo: "Espero excelencia, no perfección".

Hago una distinción clara entre las dos. Cuando uno espera excelencia en el desempeño, están permitidos los resultados imperfectos. Pero al esperar perfección, no se permiten cosas como las circunstancias imprevistas que escapan a nuestro control. Cuando uno espera excelencia, es frecuente alcanzar satisfacción. Por otra parte, cuando uno espera perfección, muchas veces habrá frustración y resentimiento.

Me causó asombro enterarme de que Thomas Edison tuvo 5 800 intentos fallidos antes de perfeccionar el foco. Cuando le preguntaron qué opinaba de esos miles de intentos frustrados, contestó que de ninguna manera era un fracaso pues aprendió que hay miles de formas en que no puede producirse luz. En vez de considerar que sus intentos eran fracasos, optó por verlos como experiencias didácticas.

Harvard

Algunos de los momentos más significativos de mi vida ocurrieron porque los propicié a través de la persistencia y la perseverancia. En la mayoría de los casos, si insistes y nunca te rindes, tiene que suceder. Siempre me había preguntado cómo sería asistir a la Universidad de Harvard. Hubo veces en que mi esposo y yo soñábamos en voz alta (durante las sesiones de estudio muy entrada la noche) sobre cómo sería estudiar en la primera universidad establecida en Estados Unidos. Por supuesto, eran sueños guajiros pues no había manera de que fuera posible. Ya estábamos casados y ambos teníamos una vida ajetreada. Nuestro momento vino y se fue.

Pero un día, mi jefe Denny fue a un programa de verano de tres semanas en la escuela de gobierno John F. Kennedy en la Universidad de Harvard. Cuando regresó, nos contó lo maravillosa que había sido su experiencia. Le dijo a su comité ejecutivo lo gratificante que resultó y que si pudiéramos ir alguna vez, deberíamos hacerlo. Se me ocurrió una idea. Si Denny había ido, tal vez yo también podría ir. De inmediato le pregunté qué necesitaría para que me aceptaran en el programa. Me respondió de manera cortés que había otras personas del equipo ejecutivo que ya estaban programadas para asistir, resultaba costoso y que el ingreso era mediante concurso por oposición. Aunque no liquidó mis esperanzas, dijo que no podría darse en el futuro previsible.

Al año siguiente volví a preguntar y me lo negaron. Un año después yo estaba en el ayuntamiento y, como no era un trabajo de tiempo completo, el estado no podría pagarlo. Sin importar cuál fuera mi puesto, seguí preguntando si podría asistir al programa de Harvard. Cuando estuve en el Departamento de Servicios Sociales, pregunté a la directora del departamento. Dijo que me daría permiso para faltar, pero yo debía pagar la colegiatura. Sabía que el programa era costoso, alrededor de ocho mil dólares, pero decidí que tenía que perseverar y ese era el mejor momento. Por desgracia, me cambiaron a la oficina del gobernador antes de que tuviera la oportunidad de asistir. Cuando le dije a mi nueva jefa que ya había hecho planes para ir, inicialmente estuvo de acuerdo, pero luego decidió que estábamos demasiado ocupados como para que me ausentara. Fue una gran decepción, porque se estaba retractando. Me prometió que al año siguiente iría sin duda.

En ese momento, era el último año de mandato del gobernador y yo sabía que era mi última oportunidad para asistir al programa de tres semanas. Puesto que mi jefa me lo había prometido el año anterior, fui a recordarle que iba a hacer la solicitud. Aunque en un principio vaciló, le recordé nuestro acuerdo. Además, le dije, ese sería el último año en que podría ir, porque una vez que el gobernador dejara el cargo, quién sabe cuál sería mi destino. Por fin cedió y presenté mi solicitud.

La espera de la respuesta fue terrible. Sabía que al programa se ingresaba a través de concurso por oposición y recibían cientos de solicitudes; se aseguraban de que quien asistiera tuviera algo que aportar al programa. Fue un proceso selectivo, de modo que intenté no abrigar demasiadas esperanzas. Me puse nerviosa el día que llegué a casa y vi un sobre con la insignia de Harvard. Lo abrí con cuidado y desdoblé la carta de aceptación. Respiré profundo: finalmente iría a Harvard.

Cuando llegué al recinto universitario, tuve que detenerme para reconocer el tiempo que me había tomado llegar allí. Aprendí mucho de los maestros y los alumnos durante las tres semanas, lecciones que he conservado hasta ahora. La más importante que aprendí: ¡nunca rendirme!

Habría sido fácil dejar de intentarlo un año sí y otro también, pero tenía la mira puesta en Harvard y supe que yo lo valía. Hoy día, orgullosamente tengo mi certificado en un marco a la medida, parece un diploma. Aunque nunca olvidaré que es de Harvard, lo más importante que me recuerda es el poder de la perseverancia. Pude haber renunciado al quinto intento, pero el sexto fue un amuleto.

Comité Consultivo para Minorías Étnicas
El activismo en representación de la comunidad latina dentro del sistema de prestación de servicios de California era un proceso que consumía las energías. El Consejo Estatal de Discapacidades en el Desarrollo fue el organismo

encargado de elaborar el plan para satisfacer las necesidades de las personas con discapacidades. Fui miembro de una coalición de profesionales latinos que creían que los padres latinos y sus hijos no recibían la misma calidad o cantidad de servicios de apoyo a los cuales tenían acceso otros padres no latinos. Aunque para los latinos estaba tan claro como el día que éste era el caso, no había documentación para respaldar nuestras afirmaciones. Tampoco la había para comprobar lo contrario. Por lo tanto, exigimos que se formara un comité dentro del consejo estatal para analizar si era correcto lo que creíamos.

El consejo no quiso saber nada de esa petición. En vez de aceptar la derrota, decidimos plantear el problema en todas las asambleas del consejo. Nuestra justificación era que con el tiempo deberían atender nuestra solicitud y formar un comité consultivo étnico. Seguimos al consejo por todo el estado. Cuando sesionaban, nos dirigíamos a ellos con la misma petición. Llegó el momento en que los miembros del consejo ni siquiera tomaban en cuenta nuestra presencia. Durante el período de participación pública, el presidente del consejo nos decía en forma descortés que el consejo no tomaría ninguna medida. La última vez que me dirigí al consejo (contra los deseos del presidente) dije rotundamente a sus miembros (¡tomen nota!): "Les prometo que de una u otra forma habrá un comité consultivo para minorías étnicas en el estado de California. Esta es la última vez que me dirijo a ustedes, pero se formará un comité y se encargará de la misión que nos han negado".

Por suerte, fui a trabajar al Departamento de Servicios para el Desarrollo y, dos años después, el gobernador me designó para el Consejo Estatal de Discapacidades en el Desarrollo, y me eligieron para presidirlo. Mi primer encargo fue la creación del comité antes mencionado.

Las conclusiones del comité verificaron lo que habíamos sospechado todo el tiempo: las familias latinas con niños que tienen discapacidades no recibían el mismo nivel o cantidad de servicios que otras familias no latinas. Este reconocimiento fue un primer paso esencial. Ahora, estábamos preparados para estructurar programas que fueran culturalmente más pertinentes para los padres de minorías. De nuevo, esto sólo sucedió porque no acepté que me respondieran con una negativa. Ustedes tampoco acepten nunca que les digan que no. Afortunadamente, si siempre hacen su mayor esfuerzo, no tendrán que aceptarlo.

3. Siempre traten a los demás como quieran ser tratados

Deben mostrar el mismo respeto a la persona que lustra los zapatos de la presidenta que a la presidenta del consejo. Recuerden que son individuos, igual que ustedes. Estoy segura de que han oído hablar de la Regla de Oro, los Diez Mandamientos y la simple etiqueta social. Quisiera pensar que cualquier persona que lea este libro trate a los demás con el mayor respeto. Sin embargo, cuando veo alrededor, no puedo menos que sentir que si siguiéramos esta regla sencilla, el mundo sería un lugar más pacífico. Sé lo poderosa que es realmente esta filosofía, porque cuando era niña, tuve la oportunidad de observar a mi abuela Juanita. Muchas veces he dicho que ella me enseñó todo lo que sé de política.

Mi abuela sólo tuvo dos años de enseñanza formal, pero siempre nos recordaba que "podríamos ser pobres, pero debíamos actuar con buena educación". En México, los buenos modales equivalen a buena educación. Una persona podría ser calificada como bien educada si es cortés. Bueno, les puedo decir que mi abuela tuvo un doctorado en modales. Cada vez que la acompañaba, me daba cuenta de lo cordial y cortés que era. Cuando nos cruzábamos con alguien, lo conociera o no, siempre lo saludaba diciendo buenos días, buenas tardes o buenas noches. La mayoría le contestaba y ella les sonreía. Si teníamos un poco más de tiempo y conocía a la persona, le preguntaba por la familia o sencillamente intercambiaban los cumplidos de rigor. Sólo le tomaba unos minutos del día, pero estoy segura de que hacía que los días de los demás fueran mucho más agradables. En el improbable caso de que alguien no respondiera, ella lo pasaba por alto y comentaba algo así como: "Debe estar muy preocupado por algo. Espero que se le resuelva".

En efecto, con el poder de su ejemplo de vida inculcaba a todos sus nietos el tratar a todo el mundo con respeto. El respeto a los demás y el respeto a mí misma son quizá los valores más preciados con los que crecí y de muchas maneras son una misma cosa. A mi abuela le gustaba hacer que nos acordáramos de la frase inmortal por la cual se recuerda a Benito Juárez (considerado por muchos mexicanos como el primer presidente): "El respeto al derecho ajeno es la paz". Suelo bromear con mis hijos sobre que después de recitar el Padrenuestro, teníamos que recitar esta cita presidencial.

Todos merecen ser saludados
Posteriormente, encontré muchos casos en que los mensajes pequeños pero poderosos serían recompensados. Con frecuencia recuerdo cómo el presidente del consejo del banco llegaba en la mañana y entraba a su oficina, todos lo saludaban con un: "Buenos días señor, ¿cómo está?" Su ayudante personal, un señor ya mayor que llevaba mucho tiempo con el presidente, iba atrás de él. Me horrorizó ver todo el respeto con el cual colmaban al presidente, pero pocos (si acaso) saludaban a su ayudante. Yo siempre me propuse saludarlos a ambos.

Una mañana, cuando el presidente llegó sin su ayudante, empezó la oleada habitual de saludos. El presidente se inclinó sobre mi escritorio y susurró: "Quiero agradecerle por saludar a mi ayudante. Usted es la única que lo hace y realmente lo valoro. Significa mucho para mí". Me sorprendió que el presidente se tomara el tiempo para agradecerme algo que para mí era simple buena educación. En mi opinión, todos merecen cuando menos un saludo de buenos días. Y, sin embargo, era obvio que no todos compartían este criterio. El presidente veía a su asistente —la persona que se aseguraba de que sus zapatos estuvieran lustrados y de tener listos su periódico y el café— como una persona valiosa. Yo también. Muchas veces he oído decir que uno debería tratar a las secretarias y al personal administrativo de las compañías con sumo cuidado, porque son los que controlan el acercamiento al resto de la compañía. Estoy completamente de acuerdo, pero no coincido con las acciones que tienen motivaciones subyacentes como tener acceso a alguien. Deben tratar a las personas como quieran ser tratados porque, en última instancia, es un reflejo de cuánto se respetan a sí mismos.

La campaña electoral
Las lecciones de mi abuela me ayudaron durante mi vida, pero fueron especialmente útiles cuando hice campaña para el ayuntamiento. Hubo algunos días que comenzaron con el desayuno con el propietario de una empresa, siguieron con la vuelta a un vecindario pobre y terminaron con carne asada en la casa de alguien para la cena. Me sentía cómoda, ya fuera en un restaurante de lujo o en el garaje de alguien.

Algunas de las historias que han escrito sobre mí subrayaron el hecho de que caminaba por los vecindarios pobres de mi ciudad como si fuera algo extraordinario. Por lo que a mí toca, esas eran las personas a las que quería representar. Merecían que las visitara lo mismo que cualquier otro votante. Se me rompía el corazón cuando los pobres me decían que nadie había ido nunca a pedir su voto. Lo más importante que me enseñó mi abuela es que las personas son personas sin importar cuánto tengan o lo poderosas que sean (o parezcan ser). Todos experimentamos temores, sueños, deseos y esperanzas. Yo me siento bendecida por haber tenido orígenes humildes, ya que entiendo lo que significa la falta de recursos y puedo apreciar cuando son abundantes.

Muchas veces me esmero especialmente en saludar a la gente sin importar el puesto que ocupa. Como trabajo hasta tarde, por lo general veo a los conserjes de mi edificio, quienes limpian tiempo después de que todos se fueron. No importa lo ocupada que esté, sonrío y entablo conversación con ellos. Como mínimo los saludo. Los trato exactamente igual como quería que trataran a mi papá cuando trabajaba como conserje. Fue su trabajo pesado lo que dio de comer a nuestra familia desde que estábamos en México y mucho tiempo en Estados Unidos. Hacía su trabajo con orgullo e incluso nos enseñaba técnicas eficientes para limpiar azulejos, alfombras y espejos. Nos decía lo orgulloso que se sentía cuando dejaba reluciente la oficina del gran jefe.

Hasta el día de hoy, si encuentro un suelo reluciente que acaban de limpiar, trato de ver si puedo desviarme en vez de pisarlo. Algunas veces, espero hasta que se seque. Recuerdo que papá tenía que trapear los pisos varias veces cuando la gente los pisaba estando mojados. Por gran respeto a su trabajo, hago todo lo posible para que la vida de los conserjes no sea más difícil. Sé que no me gustaría que alguien entrara a mi oficina y desparramara mis carpetas. Sin considerar el contexto, ya sea que esté en una oficina, el aeropuerto o el supermercado, trato a las personas cómo me gustaría que me trataran.

Gracias al conserje
Estaré siempre agradecida a este país, uno de los pocos donde la búsqueda de la felicidad es un ideal explícito. Es impactante pensar que este país lo fundaron con la idea de que todos merecen la misma oportunidad de alcanzar su potencial. En Estados Unidos, el concepto de que todos fuimos creados iguales es parte de nuestra Cons-

titución, un recordatorio documentado de que debemos tratarnos con respeto. Ya sé que ha habido (y aún existen) muchos casos en que no se cumplen los ideales. Sin embargo, hay una certeza al saber que estos ideales han existido desde el comienzo de nuestra nación y son parte de nuestra cultura colectiva.

Me resulta difícil imaginar a algún otro país donde se hubiesen creado mis memorias vívidas. No puedo pensar en un mejor ejemplo que cuando presté juramento como tesorera, cuando miré a la primera fila y vi a mi papá (un conserje) y a mi mamá (una costurera) radiantes de orgullo cuando atestiguaban que su pequeñita se convertía en la nueva tesorera. Aunque de dónde vienes aún influye en la dirección que tomas en este país, no es imposible ascender con trabajo arduo. Hablo inglés con acento y tengo orígenes humildes, pero eso no me detuvo. Aunque ha habido veces en que me han juzgado injustamente por mi pasado, no dejé que esas experiencias me definieran.

Dos años después, cuando renuncié a mi cargo de tesorera, me invitaron a una despedida privada con el presidente Bush. Me sentí honrada de que el presidente mostrara agradecimiento al final de mi servicio. Invitaron a mi familia y como mi papá estaba de visita en Virginia le pedí que viniera conmigo. La escena que se materializaría después siempre estará grabada en mi mente.

Llevé a mi papá a la Oficina Oval y el presidente Bush y él intercambiaron las cortesías de rigor. El presidente luego volteó hacia mi papá y, de la manera más auténtica, le agradeció el servicio de su hija a esta nación. El presidente de uno de los países más poderosos del mundo le daba las gracias a mi padre, un conserje. Era obvio que mi abuela Juanita bien podría haber educado al presidente; estaba poniendo el ejemplo de tratar a todos con respeto.

Una lección en el servicio al cliente
Uno de los primeros trabajos que tuve fue como representante de servicios al cliente en la compañía de toallas Barth & Dreyfus. Rápidamente aprendí que el cliente siempre tiene la razón y también me hice experta en tratar a clientes difíciles. Había un cliente específico al que todos en el departamento evitaban porque tenía la fama de que era imposible complacerlo. Como yo era la recién llegada, me concedieron el privilegio de tomar su llamada. No tenía idea de que tuviera esa fama cuando hablamos, pero lo manejé igual que a cualquier otro cliente. Quedó tan impresionado por mis modales que pidió hablar con el vicepresidente de nuestra compañía. Debe haber hecho un comentario elogioso, pues de inmediato me pusieron a cargo de las tres cadenas más grandes que manejábamos.

Literalmente me llevé esa lección al banco y luego a mi carrera política. Era evidente que si tratan a todos con buena educación y respeto, sin importar quién sea, entonces se convertirán en un activo valioso para su compañía. No pueden saber quién es la persona que está llamando; podría ser que tuviera parentesco con su jefe o fuera algún cliente futuro. La conclusión es que si tratan a todos con respeto, nunca se equivocarán.

Me recuerda aquel viejo dicho: "Sean amables con las personas cuando vayan en ascenso, porque las pueden encontrar en el descenso". Siempre he tratado a los pasantes como si un día fueran a ser mis jefes. En realidad, conozco a algunos peces gordos de la administración del presidente George W. Bush que empezaron como practicantes con él cuando era gobernador de Texas o en la administración de su padre.

Por otra parte, nunca esperaría un trato especial de nadie con base en los puestos que he ocupado. Eso significa que nunca pediré que alguien haga algo que yo no estaría dispuesta a hacer. Sé que he encontrado a muchas personas que piensan que sólo necesitan ser amables con quienes ocupan puestos de poder o de una categoría económica superior. Podría volverse difícil para las personas que, consciente o inconscientemente, buscan indicios de la categoría de alguien antes de decidir cómo deberán tratarlo. La gente no siempre lleva una placa de identidad con esa información.

Lo anterior me recuerda lo que le sucedió a un amigo que tenía un restaurante local. De sus 11 hermanos él era uno de los nueve restauranteros. Por mucho tiempo había sido su sueño comprar un coche de lujo como un Lexus o un Cadillac, pero le resultaba difícil encontrar la justificación para gastar tanto. Tampoco quería embarcarse en un plan de pagos a largo plazo. Decidió que empezaría a guardar pequeñas cantidades a lo largo de los años para un día hacer la compra pagando la totalidad. Después de muchos años, al fin tenía ahorrado lo suficiente. Ese día salió del trabajo con una misión: estacionar esa noche en su entrada un coche de lujo nuevo. No tuvo tiempo de ir a su casa a cambiarse, por lo cual se presentó en su ropa de trabajo normal, vestimenta adecuada para cocinar, limpiar y lavar los platos.

Cuando llegó al lote de coches, empezó a serpentear entre las hileras en busca del auto de sus sueños. No tenía idea de qué buscaba, sólo que lo sabría cuando lo viera. Así pues, lo vio y supo que ese coche sería suyo. Un vendedor se le acercó, mientras admiraba el citado coche, y le preguntó en qué podía ayudarle. Mi amigo dio una palmada en el cofre del auto que imaginaba pronto sería suyo y dijo: "Éste, éste es". El vendedor le sugirió dar una vuelta por el lote para ver si algo más le interesaba a mi amigo pero él, sin inmutarse, seguía preguntando por el coche original y el vendedor hizo una pausa y dijo: "No le alcanza para pagarlo".

Frustrado, mi amigo pidió hablar con el gerente. Cuando vino, mi amigo le dijo que había ahorrado por años para comprar un coche, que era dueño de un restaurante local y se había preparado para comprarlo en ese momento, en ese lugar. Desafortunadamente, su vendedor lo había insultado. Informó al gerente que iría a otro lote ese mismo día y compraría un coche igual al que le habían negado. Mientras se alejaba, volteó hacia atrás y vio que el gerente estaba reprendiendo a su empleado.

Cada vez que alguien alaba el coche de mi amigo, él cuenta la historia. Creo que vale la pena hacerlo.

4. Escuchen su voz interior

Al empezar a descubrir su meta en la vida, habrá muchas personas que les digan lo que ellas piensan que ustedes deberían hacer. La mayoría lo hace con buena intención y al menos deben escuchar diferentes puntos de vista. En realidad, deberán fomentar las diferentes perspectivas y criterios. Considérense afortunados porque las personas se interesen tanto por ustedes como para darles sus opiniones. Mantengan la tranquilidad y simplemente escuchen, hagan preguntas e imagínense en diferentes escenarios.

Después de esta etapa de recopilar información, es momento de distanciarse un poco y escuchar a su voz interior. Después de agotar todas las posibles fuentes de información, esta voz es a la que deberán prestar más atención. A veces tal vez no les guste lo que diga, pero confíen en ella. La voz interior tiene muchos nombres; algunos le llaman conciencia, otros lo nombran instinto y también está el concepto de tener sensibilidad. Cualquiera que sea la denominación que le den, deben llegar a dominar su conexión con esta parte de ustedes. Deben aprender a separar esta voz de todos los demás mensajes contradictorios que los bombardean cualquier día. Si por cualquier motivo empiezan a silenciar esta voz, con el tiempo dejará de hablar.

Postulación para el ayuntamiento
Nunca había competido por un puesto público y me pareció lo mejor buscar la asesoría de los amigos en quienes más confiaba: Jim McDowall, un señor ya mayor con el que trabé amistad cuando estuve en Sacramento y que trabajaba en el Consejo Estatal de Discapacidades en el Desarrollo; el señor Kyman, mi exjefe en City National Bank, y Jorge Azpiazu, con el cual hice amistad cuando me quejé sobre un comercial que su compañía proyectaba y que me parecía falto de tacto hacia las familias que tenían hijos con discapacidades. Ofrecieron distin-

tas perspectivas, pero todos coincidieron en que era una buena oportunidad para que yo buscara el puesto. Tal vez era mucho trabajo, pero si cualquiera podía hacerlo, yo podría.

Al final, necesitaba escuchar mi voz. Orgullosamente confirmó lo que pensaban mis asesores. Tenía la confianza de que esa sería la acción correcta para mi familia, los niños y la comunidad. Buscar ese puesto de elección sería la continuación de mi misión en la vida. Para mí era importante consultar con la mayor cantidad posible de amigos y familiares antes de arriesgarme. No a todos aquellos con quienes hablé les entusiasmaba. A mi mamá, en especial, le preocupaba que ingresara a la política porque había oído decir que podía ser un campo desagradable: el escudriñamiento, las mentiras, las reputaciones dañadas. Le inquietaba mi seguridad y la de mis hijos. Traté de disipar sus temores, pero estaba renuente. Por elecciones previas, yo sabía que la política local podía transformarse en algo personal y que tenía razón en preocuparse. Mis contrincantes podían presentar una imagen mía tan fea que ni mi familia me reconocería. Tuve que recordarle que ella, como mi madre que era, me daba su consejo por amor. Por bien intencionadas que sean las personas, siempre tomen en cuenta el papel que tienen en su vida y lo que ellas arriesgan con su decisión. En el caso de mi mamá, ella buscaba mi conveniencia; pero hay muchos que pueden aconsejarles basándose en intereses egoístas. Siempre tomen en cuenta al remitente del mensaje para saber cómo recibirlo.

Tesorera de Estados Unidos

Una de las decisiones más importantes que tuve que tomar fue si iba a progresar al convertirme en la ocupante número 41 de la Secretaría del Tesoro de Estados Unidos. A diferencia de experiencias anteriores, no me permitían hacer una encuesta para saber cómo proceder. Sólo podía hablarlo con mi familia; les pediría pagar un alto precio por desarraigar nuestra vida con la mudanza a Washington, D.C. Sabía que esta decisión tendría importancia histórica, porque sería la primera inmigrante en ocupar este cargo. Representaría no sólo a la comunidad de inmigrantes local, sino también a los latinos de todo el país. No iba a tomar este puesto si no fuera a desempeñarlo lo mejor que pudiera. Más que nunca, tenía que depender de mi voz interior.

Igual que ocurrió con otros puestos que he ocupado, este me llegó, no lo busqué, aunque algunos podrían pensar que sí, porque participé activamente en la campaña de Bush. Al ver mi carrera en retrospectiva, no puedo menos que pensar que muchas de estas oportunidades estaban predestinadas. Hubo acontecimientos satisfactorios y se produjeron demasiadas coincidencias, por ello me niego a creer que mi vida se estuviera desplegando ante mí de manera arbitraria. Yo creo en Dios, pero aunque no sean creyentes, ayuda creer en un poder superior. Lo más importante es que, a pesar de su afiliación religiosa, crean en ustedes mismos. En esta situación, yo escuché a dos entidades: a Dios y a mí misma. Ambas decían que sí, que debería seguir esta oportunidad. Sabía que si debía suceder, el universo y Dios proporcionarían los recursos y la guía que necesitaba para continuar con mi misión en la vida. El proceso de designación transcurrió sin problemas. Como tesorera, pude trabajar en problemas y campañas que eran significativos para la comunidad latina y para mí. Una vez más, mi voz interior no me falló.

Postulación para candidata al Senado de Estados Unidos

Esta decisión fue otra experiencia de las que cambian la vida de uno; sólo hay que pensar que consume las energías. Había desplazado a mi familia tres mil millas hasta el D.C., mi esposo acababa de ocupar un trabajo permanente en el HUD, a los chicos les encantaban sus escuelas, Eric estaba cada día mejor en su *high school*. Teníamos una estupenda rutina familiar. Muchos ni siquiera hubieran analizado la idea.

Comencé la encuesta hablando con personas en cuyo juicio confiaba. Shirley Wheat, mi oficial mayor, siempre había sido pragmática y dispuesta a prestar atención. Ella dijo que podía verme como senadora; en esa posición, yo podría tener mayor influencia sobre las decisiones importantes. Su opinión pesó mucho en mi decisión por el gran respeto que me inspiraba. Fue la primera en una lista selecta de las personas con las que necesitaba hablar.

A continuación me comuniqué con Marty Linsky, mi asesor de confianza y profesor de la escuela de gobierno Kennedy de la Universidad de Harvard. Nos reunimos en Nueva York, donde vive. Le entusiasmó la posibilidad y dijo que sólo podía ver resultados positivos. Si ganaba la elección primaria y luego la elección general, sería algo histórico. Pero, incluso si perdía cualquiera de ellas, haría historia como la primera inmigrante latina en postularse para el Senado. No tomé sus palabras a la ligera, puesto que siempre había acertado en cuestiones financieras y yo respetaba todos sus consejos. Estuve de acuerdo con su valoración de que, pasara lo que pasara, haría historia. Por supuesto, para mí sería preferible ganar un escaño.

Me puse en contacto con el señor Kyman, el expresidente del banco. A lo largo de los años había recurrido a él para que me aconsejara y siempre había sido sincero en su valoración. En el curso de un almuerzo delicioso en el condado de Orange, básicamente dijo que al hacer el intento sólo obtendría resultados positivos. Reconoció que con toda probabilidad sería una contienda difícil, pero que el esfuerzo valía la pena.

Llamé por teléfono al gobernador Pete Wilson. Él había sido senador de Estados Unidos antes de que lo eligieran gobernador.

"¿Sabe lo que ello implica?" preguntó.

Respondí a su pregunta con otra: "¿Además de los 20 millones de dólares?"

"Bueno, sí, eso más o menos lo cubre", dijo.

Luego pasó a decir que mi contrincante era formidable, pero que yo tenía lo que se necesitaba para ser una candidata digna de ser tomada en cuenta. Es un político hábil y sin duda el único republicano que ganó un cargo estatal varias veces en la historia reciente. Si alguien conocía el panorama político, era él. Hizo una pausa y dijo que sería una campaña difícil, pero casi seguro, viable. Le pregunté si me apoyaría y afirmó que, como exgobernador, seguiría la tradición de mantenerse al margen de la elección primaria. Sin embargo, si triunfaba me daría su respaldo. Intenté convencerlo de que yo era la mejor candidata y que nadie tendría mayor oportunidad si buscaba la nominación. Lo aceptó, pero no me avalaría a mí ni a nadie más. Me deseo mucha suerte porque, habiendo participado en la contienda para el Senado, sabía que la iba a necesitar. Le di las gracias. Pensé que si bien no había logrado asegurar su apoyo, tenía su promesa de mantenerse al margen de la elección primaria, lo cual garantizaba una situación justa y equitativa.

Recuerdo mi primera entrevista con Ken Khachigian, el brillante consultor político que escribió los discursos de Ronald Reagan. Estaba más que bien conectado en el mundo político y se mantenía siempre atento. No hay medida política que él no haya previsto ni juego político que no comprenda. Es una persona que sabe escuchar y que estimula, hace preguntas y cuestiona. Cuando nuestra larga conversación iba concluyendo, dijo: "He conocido a muchas personas que quieren postularse al Senado y creo que usted puede lograrlo. Nadie en este mundo desea más que yo derrotar a Boxer, y créame que puede tener la oportunidad de hacerlo". Me informó que en el momento que Boxer pensara que yo me postularía, trataría de darme caza. Yo preveía una lucha larguísima, pero con Ken a mi lado, me iría bien. Él tenía la sabiduría que se logra con la experiencia. Estaba ansiosa de que me tomara bajo su tutela. La seguridad que me brindaba es algo que siempre le agradeceré.

Obviamente tenía el aporte de mis amigos de más confianza, mi familia y Ken, el cual sería mi asesor de campaña. Había pasado por el ritual de mi proceso decisorio y sentía que había sopesado con todo cuidado las ventajas y desventajas. Sin embargo, como en todas las demás decisiones, la voz a la que escuchaba en última instancia era la mía. Sabía que buscar este puesto era algo que tenía que hacer. Después de consultarlo conmigo misma, podría estar satisfecha fuera cual fuera el resultado.

5. Elijan con todo cuidado, luego actúen

Al enfrentarme a una serie de alternativas, deben pensar en las consecuencias de cada una. Deberán buscar los argumentos contradictorios de las personas en quienes confíen. Tomen todo en cuenta al trazar los diferentes caminos que podrían recorrer. Analicen, analicen, analicen y, una vez que sientan que están preparados, actúen rápido con la confianza de una decisión bien tomada.

El poder sólo es bueno si pueden desprenderse de él
Puedo recordar vívidamente cuántas personas lloraban durante las celebraciones finales cuando terminó el mandato del gobernador debido a los límites para la reelección. Habíamos estado ocho años en el poder y pronto ya no estaríamos allí. Yo había estado en diversos cargos durante siete de esos años y sabía que echaría de menos a las personas con las que había trabajado. Sin embargo, no me preocupaba quedarme sin trabajo o ya no estar en el poder.

Estaba tranquila, por haber tenido la oportunidad gratificante de ayudar a gobernar un gran estado; sabía que ahora le tocaba a alguien más. Podía marcharme sin resentimientos ni arrepentimiento y sentía mucho orgullo por mis logros profesionales. Había hecho todo lo que había podido. No me quedó una carta más por escribir, un telefonema más que hacer, ni un informe más que pudiera haber dado.

Fui la última persona en salir de la oficina del gobernador en Los Ángeles y apagué las luces el 31 de diciembre de 1999. Eran casi las seis de la tarde y la oficina estaba lista para el equipo del nuevo gobernador que llegaría dos días después. Me fui con la cabeza bien alta y nunca regresé. Ese fue el día en que me di cuenta lo que significaba desprenderse del poder. Me quedó muy claro que, en primer término, el poder nunca había sido mío, simplemente me lo prestaron. Los ciudadanos me habían dado la posibilidad de crear un cambio positivo al elegir al gobernador, pero el poder en realidad les pertenecía a ellos. Ojalá pudiera escribir un libro sobre este tema y dárselo a todos los que están en el servicio público. ¿Por qué? Porque cuando aprendes a desprenderte del poder, resultará más fácil tomar las decisiones y las alternativas serán claras.

El pueblo da el poder por un tiempo limitado y sin duda lo puede retirar. Lo puedes tener un tiempo pero, igual que cualquier cosa que te prestan, debes devolverlo. El público puede dar a voluntad el poder a ti o a alguien más. Por tanto, deben hacer lo mejor que puedan mientras lo tengan y nunca olvidar que no es suyo. Hagan que la gente se enorgullezca de que les dio el privilegio de tenerlo por un periodo, pero prepárense para regresarlo de un momento a otro. Este profundo entendimiento del poder puede ser a la vez liberador y una lección de humildad. Cuanto más poder les hayan confiado, más humildes deberán ser. Es un gran privilegio tener el poder, pero si no se pueden alejar de él, entonces no vale la pena tenerlo. En esos es cuando ya no poseen el poder, sino éste los posee a ustedes.

¿Qué hacer? Poner los pies en la tierra, de prisa. No importa qué cargo haya tenido, o cuál ocupe un día, sé que mi tiempo es limitado. Para ser eficiente, me aseguro de elaborar un programa enseguida. Ya sean dos o 10 años, sé que el reloj avanza. Me cercioro de hacerme preguntas importantes: ¿cuál es la historia de este cargo? ¿Cuál es el trabajo realmente importante de este puesto? ¿Cómo se logra? ¿En qué prioridades se está trabajando? ¿Qué se necesita hacer para agilizar el éxito? Lo que es igual de importante, también necesito detectar de inmediato los mayores problemas a los que nos enfrentamos y qué se puede hacer para remediar la situación. ¿Qué es lo que quiero lograr en este puesto? ¿Cómo quiero ser recordada cuando me vaya? ¿Cuáles son mis propias prioridades?

Una cosa que tengo clara es que sin importar las prioridades de la persona que nos antecedió, ya no está allí. Del mismo modo, cuando salgo y llega mi reemplazo, vendrá con sus prioridades. Por tanto, debo dejar algo detrás. Cuanto más pronto pueda expresar cuáles son mis metas, más oportunidad habrá de alcanzarlas.

Pude una vez más desprenderme del poder para dirigirme a lo desconocido, cuando decidí dejar mi puesto estable como alcaldesa y miembro del Ayuntamiento de Huntington Park, para aventurarme en el territorio desconocido del gobierno federal. El hecho de que me pidieran ser tesorera fue sin duda una oportunidad codiciada, pero venía acompañada de incertidumbre y un posible fracaso. ¿Y si las cosas no funcionaban en el D.C. después de que ya hubiese dejado mi puesto de elección? ¿Podría alejarme de la seguridad que tenía como miembro del consejo y no arrepentirme después si las cosas no funcionaban? Ya llevaba siete años en el consejo y no había límites para el mandato. Uno de mis colegas había estado allí casi 30 años. En el puesto de elección me había ido bien y había tenido algunos éxitos notables para nuestra ciudad. Precisamente por éstos había llamado la atención del Presidente Bush.

Estaba tan ocupada representando las necesidades significativas de mi comunidad dentro de organizaciones como la Liga de Ciudades Californianas (League of California Cities), el Latino Caucus, la Asociación Nacional de Funcionarios Latinos Elegidos y Designados (National Association of Latino Elected and Appointed Officials) y otras, que era difícil tomar la decisión de dejar el consejo. Modestamente, había alcanzado un nivel importante de reconocimiento. Estaba en un punto elevado de mi carrera y gozaba de suficiente influencia para decretar un cambio real. Dejar todo aquello con lo que estaba cómoda para aventurarme en Washington, donde no conocía a nadie y tendría mucho menos influencia, era un factor que en el fondo tomaría en cuenta. Sí, sería una oportunidad para hacer historia pero, ¿y si fracasaba? ¿Sería simplemente un fracaso histórico? ¿Y si perdía todo lo que me había costado tanto trabajo conseguir?

Examiné mis logros y me pregunté si había hecho todo lo posible como miembro del consejo y alcaldesa. Sinceramente podía decir que me sentía satisfecha con todos los esfuerzos que había hecho en los cargos que tuve. Como alcaldesa, tenía la confianza de haber trabajado más que cualquier persona que hubiese ocupado ese cargo, porque le dediqué el 100 por ciento del tiempo. Los alcaldes anteriores sólo habían dedicado parte de su tiempo a sus responsabilidades en el consejo, ya que por lo general eran hombres de negocios que atendían primero sus empresas.

Como alcaldesa, para mí fue importante lograr lo más posible, pues me parecía que muchas de las necesidades de la ciudad no habían sido satisfechas. Estaba determinada a cumplir varias tareas concretas y lo conseguí. Tenía un claro historial de logros y podía decir con orgullo que fueron más de los previstos. Para mí, una señal de que mi comunidad aprobaba mi desempeño fue que me reeligieran. Sin duda había más por hacer y podía seguir en mi puesto mucho tiempo o podría estar satisfecha con un trabajo bien hecho y pasarle el poder a alguien más.

Por lo que a mí tocaba, si iba a Washington sería para convertirme en la mejor tesorera que pudiera y hacer que mi comunidad estuviera aún más orgullosa de mí. Tenía que preguntarme si francamente podría haber hecho más durante el tiempo que me desempeñé como miembro del consejo. ¿Le dejaba algo sin terminar al siguiente alcalde? ¿Había hecho honor a mis promesas? Estas fueron algunas de mis consideraciones. Al final, encontré consuelo al saber que había hecho todo lo posible con el poder que me otorgó mi comunidad. Podía verlos a los ojos y decir gracias.

Al dejar mi puesto de alcaldesa para ser tesorera tenía el mismo sentimiento de realización que acompañó mi anterior decisión para dejar la oficina del gobernador. Luego llegó el momento de pensar en dejar la Secretaría del Tesoro para buscar un escaño en el Senado. Pasé por un proceso decisorio similar de evaluar mis logros y preguntarme, en este caso, si podía alejarme del puesto más alto que había ostentado en mi carrera política. Casi había completado dos años como tesorera y tenía gran participación en una serie de tareas, desde los esfuerzos de la cultura financiera en la comunidad hispana hasta formar parte del equipo de recuperación económica del presidente. La prensa y otros parecían fijarse en mis logros significativos. Uno de los miembros de mi personal que había colaborado con varios secretarios del Tesoro de Estados Unidos con frecuencia declaraba a los reporteros que yo había sido la mejor con la que había trabajado. Bien sabía que tal vez las cosas no resultaran como las preveía, pero decidí correr el riesgo dejando mi puesto garantizado para aventurarme en una contienda incierta para llegar el Senado.

Cuando se supo que iba a renunciar a mi cargo, muchos cuestionaron mi cordura. ¿Cómo podía dejar un puesto seguro, estable y distinguido por una serie de "quizás"? Claro, existía un riesgo significativo en este nuevo empeño y en ninguna campaña política hay un resultado garantizado, en especial considerando que sería mi primera postulación de tipo estatal. ¿Por qué no me quedaba como tesorera de Estados Unidos, un puesto que podría ocupar siete años en total si el presidente ganaba la reelección? ¿Por qué renunciar a esa seguridad? Todas estas preguntas las respondí antes de proceder. Y, aun conociendo todos los posibles inconvenientes, decidí hacer la tentativa. Muchos me recordaron el viejo dicho: "Más vale pájaro en mano que ciento volando". Pero yo les rebatía con la pregunta que siempre ha aclarado mis decisiones en esos momentos: ¿qué es lo bueno del poder si no puedo desprenderme de él? Es una pregunta incómoda para muchos, porque se dan cuenta de lo malsanas que son sus intenciones. Desde luego que podía permanecer cómodamente instalada en mi puesto o podía intentar ser la primera senadora latina de Estados Unidos. Un escaño en el Senado me permitiría tener mayor impacto en la vida de las personas a las que representara. Además, en el proceso de la campaña para llegar al Senado, sería la única latina postulada en todo el país y podría ayudar a la reelección del presidente al relacionarme con las minorías y los grupos de mujeres. Mi campaña atraería la atención nacional.

Sí, tenía mucho que perder, pero había cosas aún más grandes que ganar si triunfaba. Aunque la percepción pública de los designados para ocupar puestos es que ejercen mucho poder, en realidad el pueblo es el que tiene el verdadero poder. En mi caso, cualquier poder que creyese tener era efímero y me lo otorgaron a través del presidente, quien fue elegido por la mayoría del pueblo. Mi verdadero poder residía en tener la posibilidad de abandonar mi puesto con la esperanza de lograr mejores cosas como senadora. Me aseguré de que, sin importar lo mucho que me apasionara la política ni lo honrada que me sintiera de ser tesorera, nunca permitiría que la denominación de un puesto me definiera, sin importar lo elevado del rango. También confiaba en no necesitar que alguna denominación me diera la felicidad. Sea cual sea el poder o autoridad que piensen que poseen, recuerden que sólo es una ilusión y que sin duda pueden desprenderse de él si es por una oportunidad posiblemente mejor. Para mí, la idea de dejar lo que muchos harían cualquier cosa por conservar, en realidad me daba una sensación de empoderamiento, porque estaba segura de que lo hacía por motivos correctos.

Renuncié a mi cargo como tesorera con una sensación de tranquilidad. Le había dedicado 24 horas diarias, los siete días de la semana, no tomé vacaciones e hice incontables viajes de negocios por todo el país. Realicé mi trabajo con dignidad y podía irme con la cabeza bien alta.

Decisiones desagradables, mas no difíciles

Aprendí mucho al trabajar con el gobernador Wilson, lo cual me ha ayudado hasta el día de hoy. Él solía decir que hay decisiones que es desagradable tomar, aunque no son difíciles. Cuando dudo ante una decisión difícil, me pregunto por qué: ¿se debe a que es verdaderamente difícil y hay que tomar en cuenta muchos factores? O ¿se trata de una decisión cuyos resultados pueden ser desagradables? Hacerme estas preguntas me ayuda a crear una objetividad de la que tal vez carezca en un principio. Muchas veces me hace saber cómo actuar de la mejor manera con una clara dirección. No me permite dejar las cosas para más adelante, porque cuando me atengo únicamente a los hechos, por difíciles que sean, muchas veces me doy cuenta de que aquello que encaro sólo parece una decisión desafiante, pues será desagradable ejecutarla. Cuanto más pronto aprendan a hacer esta distinción, mejor, porque se pueden concentrar en abrirse paso, en vez de hacerse un lío con sus pensamientos.

Uno de los ejemplos más vívidos que puedo recordar de este problema es cuando el jefe de policía de mi ciudad me pidió pensar en modificar las leyes para que él pudiera comprar la casa de sus sueños, la cual estaba situada a 20 millas de los límites establecidos. Cuando vino a hablar conmigo entré en un conflicto, porque todos sabíamos que era el mejor jefe que la ciudad hubiere tenido la suerte de contratar. El departamento de policía funcionaba como una máquina bien engrasada, con una moral en el máximo nivel de todos los tiempos. La comunidad lo respetaba y admiraba. Normalmente, una solicitud de estas ni siquiera se analizaba, pero en vista de lo mucho que había aportado a su cargo a través de los años, yo estaba en un dilema. El propósito original de la ley cuando se estableció hacía muchos años, era asegurarse de que el jefe de policía pudiera responder a una emergencia en un tiempo razonable. Sin embargo, pensé, en este día de comunicaciones avanzadas, en la mayoría de los casos se había reducido la necesidad de que alguien estuviera en persona.

El jefe fue elocuente al presentar un argumento convincente del porqué deberíamos modificar la ley. Explicó que tendría la capacidad de comunicarse directamente con el personal en el terreno, en caso de que surgiera una emergencia. Incluso planteó que la casa era tan importante para su esposa que si no pudieran comprarla, él tendría que encontrar otra ciudad donde existiera la posibilidad de trabajar como jefe.

Lo escuché detenidamente, pero sabía que debía hacer a un lado el respeto que le tenía y anteponer las necesidades de mi comunidad a las de todos los demás. La pregunta real era si el propósito de la ley aún era válido. Con toda sinceridad, yo hubiera dicho que sí. ¿Cómo podíamos, en el consejo, restarle validez a la ley cuando, si hubiese una verdadera emergencia, posiblemente el jefe no entraría en acción? Además, ¿cómo podría justificar que nos apartáramos un poco de las reglas ante otros miembros de la administración que tenían que vivir dentro de los límites establecidos? O, para aplacar a todos, ¿tendríamos que hacer un cambio radical que cubriera a todos los empleados afectados? ¿Dónde pararía esto? Ciertamente no podíamos modificar la ley por un solo individuo, sin importar lo valioso que fuera. ¿Y el futuro? ¿Y si otro jefe quisiera vivir a 100 millas?

Después de todas estas consideraciones, no fue difícil tomar la decisión, pero sí algo desagradable. Consideraba que el jefe era mi amigo y yo tenía una buena relación con su esposa; comprendía su situación familiar. Sabía que si me negaba a modificar la ley, existía la posibilidad real de perderlo. Llamé al jefe para hacerle saber mi decisión y todo lo que había tomado en cuenta. Le dejé en claro que esto no era algo personal, sino la decisión correcta para la ciudad. Reconocí lo valioso que era para la ciudad, pero no tenía otra opción. El jefe escuchó con mucha atención y reconoció que estaba poniendo al consejo en un aprieto. Valoró lo rápido de la respuesta sobre la decisión y dijo que haría todo lo posible por encontrar una casa que estuviera más cerca. Por suerte, la encontró dentro de los límites y siguió siendo jefe de policía. Me mantuve firme, marqué una línea de conducta y el jefe todavía es uno de mis queridos amigos.

Una de las cosas que suelo hacer cuando tomo una decisión es eliminar los nombres de las personas en la ecuación. Las buenas políticas públicas nunca deben basarse en una sola persona. Infinidad de veces he visto a los dirigentes tanto del mundo político como del empresarial tomar decisiones importantes o fijar las políticas basándose en una persona en particular. Cuando ésta se va, tienen que enfrentarse a las consecuencias de esa decisión que tomaron poniéndole nombres específicos. Es mejor eliminar los nombres desde el principio para evitar conflictos futuros. Una buena política es precisamente eso y deberá resistir la prueba del tiempo y el cambio de personal.

Una de las metas de una buena política es cerciorarse de que su formulación sea transparente y que la política resultante pueda transferirse. Si éste es el caso, la política se mantendrá, sin importar las circunstancias cambiantes. Mirándolo ahora, sé que hubiera sido menos desagradable para mí modificar la ley para el jefe y, lo más probable, es que no habría sido difícil justificar la decisión. No todos los días se encuentra un buen jefe de policía y pudimos interpretar la decisión como algo indispensable para mantenerlo en el personal. A fin de cuentas, yo hubiera tenido que seguir viviendo con una decisión mal tomada. No fue difícil mantener la integridad de la ley que se estableció para seguridad de nuestra comunidad, pero sin duda tenía el potencial de ser una medida desagradable.

Tomen su decisión sin mirar atrás...
¡al menos no con arrepentimiento!
Casi en todos los casos, la indecisión genera confusión, temor, dudas y (en el peor de los casos) resentimiento. Las funciones que he tenido requerían que tomara cientos de decisiones. Cuando existe toda una cadena de decisiones que tomar, no hay tiempo para indecisiones. Pocas veces se da una decisión perfecta, pero si han reunido tantos datos y opiniones como sea posible antes de decidir, sin duda estarán en una posición ideal para tomar la medida. El gobernador Wilson decía que no existe la ley perfecta y, por tanto, debemos asegurarnos de reducir las consecuencias negativas de una legislación propuesta. Ustedes deben hacer lo mismo. Una vez que estén listos para tomar la decisión, prepárense para reducir alguna de las consecuencias negativas. Si están a cargo de un equipo o si su decisión va a afectar a mucha gente, lo mejor es darles una clara idea general de cómo hacen ustedes para tomarla. Esta transparencia me ha ayudado enormemente con mi personal. Esto les ha permitido ver cómo funciona mi mente en las decisiones y (cabe esperar) el nivel de análisis que considero adecuado.

Lo más importante es que una vez que tomen una decisión firme, procedan con confianza en sus capacidades. Si tienen éxito al tomar en cuenta todos los factores sin pensar demasiado en distracciones innecesarias, luego sentirán el impulso de tomar una medida que tenga sentido. No se cuestionen *a posteriori*; nunca he visto que alguien utilice ese cuestionamiento como una estrategia viable para tomar decisiones.

Después de perder la postulación al Senado debido a hechos imprevistos, muchas personas preguntaron si lamentaba haber dejado mi cargo como tesorera. Pude decir con toda sinceridad que no, porque a lo largo de mi proceso decisorio había empleado la información de que disponía en el momento. Estaba completamente tranquila. Había evaluado los posibles resultados y, desde luego, perder era uno de ellos. El hecho de que los acontecimientos no se desarrollaran como lo esperaba no significaba que hubiera tomado la decisión equivocada. No me arrepentía.

Por supuesto, es muy fácil acertar con los hechos consumados; no había manera de predecir los acontecimientos que se desarrollarían después de que ya había tomado mi decisión. La destitución por voto popular en California calificaba para la votación y Arnold Schwarzenegger se registró en el último minuto. No sólo ganó, sino que respaldó a mi contrincante. Si estos sucesos hubiesen sido parte de mi proceso para reunir información, entonces la decisión resultante no hubiera sido la misma: no hubiera dejado mi cargo como tesorera. Tomas la mejor decisión posible con base en lo que sabes con certeza. Dedicar tiempo a las suposiciones imprevisibles es sin duda una pérdida de energía. En mi opinión, el tiempo siempre corre y por ello tiene un valor máximo. Es mejor seguir adelante que retroceder. Aunque no siempre todas las decisiones conducen al éxito, eso no significa que el fracaso sea el único resultado alternativo. Lo más importante es que no miren atrás, porque antes de lo que piensan puede ser necesario tomar la siguiente decisión, la cual podría alterar su vida.

6. Por difícil que resulte, aparenten tener valor

Habrá veces en que piensen que no pueden enfrentarse al mundo. Pasarán por experiencias que tengan el potencial de devastarlos. Allí es donde deben buscar a fondo y hacer acopio de toda su voluntad para levantarse por la mañana y encarar a sus contrarios, a ustedes mismos y al mundo. Confrontar el reto es una oportunidad de mostrar valor y si dan la impresión de que son actores que fingen fortaleza y valor en un mal melodrama, está muy bien. Es muy probable que quienes estén cerca de ustedes reconozcan que no todo está bien, pero se maravillarán con su vigor para intentar ser fuertes. Y quienes no los conocen no podrán distinguir entre el valor "aparentado" y el real. Desde fuera, los dos se ven casi idénticos. Si lo aparentan suficiente tiempo, pronto se darán cuenta de que comienza a sentirse real. Con el tiempo, ustedes tampoco podrán distinguirlo.

En uno de los peores días de mi vida, mi amigo Jim me mandó una carta afectuosa con una cita de Theodore Roosevelt que decía:

> *No cuenta el crítico, ni el individuo que señala cómo tropieza el hombre fuerte o dónde la persona dinámica podría haber actuado mejor. El crédito le pertenece al hombre que en realidad está en el ruedo, cuyo rostro está estropeado por el polvo, el sudor y la sangre, que se esfuerza valientemente, que yerra y se queda corto una y otra vez, porque no hay esfuerzo sin error o deficiencia, pero que conoce los grandes entusiasmos, las grandes devociones, que se agota en*

una buena causa, que, en el mejor de los casos, conoce al final el triunfo de los grandes logros y que, en el peor de los casos, si fracasa, cuando menos lo hace arriesgándose en gran medida, de modo que su lugar nunca estará entre las almas frías y tímidas que no conocieron la victoria ni la derrota.

Recorté esa sección del texto de la carta y la traía conmigo. Después de leerlo tantas veces podía recitarlo casi textualmente. Lo más importante es que lo interioricé en forma tan completa que ya no necesitaba un pedazo de papel para acordarme de su importancia. Esa cita y el credo de los Juegos Olímpicos Especiales han servido de mantras en mi vida. El credo es sencillo y su esencia refleja el de Roossevelt: "Permíteme ganar, pero si no puedo hacerlo permíteme ser valiente en el intento". En la antigua Roma, los gladiadores entraban a la arena con este credo. Si era lo bastante fuerte para salir adelante de sus grandes desafíos físicos, entonces cabría esperar que pudiera ayudarnos a todos.

Hace más de 30 años, Eunice Kennedy Shriver creó los Juegos Olímpicos Especiales con la absoluta convicción de que las personas con discapacidades intelectuales podían practicar los deportes si nos tomábamos el tiempo para enseñarles y entrenarlos; podían utilizar el poder de los deportes para llevar una vida productiva. El credo que recitan todos los atletas que compiten allí me ha ayudado a salir de momentos difíciles y siempre ha dejado en claro que lo que separa a los líderes eficientes de los demás es cómo deciden enfrentarse a los momentos difíciles en su vida. Desde mi óptica, la división aparece en su sentido del valor, cualidad que separa a los débiles de los fuertes y a los mediocres de los osados. Todo esto no indica que sea fácil actuar con valentía. Por el contrario, el valor no se consigue con facilidad.

En muchas ocasiones, tanto en lo político como en lo personal, la vida y sus retos parecían abrumadores. Fueron momentos en que estuve asustada, cansada, disgustada y consternada y, sin embargo, encontré la fortaleza para abrirme paso entre los acontecimientos dolorosos. La mayoría de las personas que me rodeaban durante estas épocas difíciles nunca supieron lo que sentía. Me aseguré una y otra vez de ingresar a la arena, así fuera con un gran costo emocional. Estaba conforme de saber que miraría hacia atrás satisfecha de la manera como manejé diversas situaciones: no cedí y no me rendí. Sugiero que hagan lo mismo. Sin importar quiénes sean sus adversarios, nunca tengan miedo de ingresar a la arena, aunque eso signifique que deban aparentar valor. Asegúrense de que su mayor objetivo sea bastante fuerte para sostenerlos.

Lo mágico en torno al valor es que lo importante no es sentirlo, sino que sus acciones lo confirmen al mundo exterior. En mi vida, se ha resumido en una elocuente frase pronunciada por un amigo cuando yo la necesitaba más: "No dejes que los desgraciados se lleven lo mejor de ti; no permitas que te vean llorar".

Luces, cámara y aparenta valor
Siempre constituye una experiencia extraña cuando se ve uno por primera vez en una pantalla de televisión u oye su voz en una grabadora. En lo que ven y oyen, recono-

cen que son y no son ustedes. Por unos minutos imaginan que así es como el mundo debe verlos. Esto conduce a sentir una gran vergüenza pero, con el tiempo, también a algunas revelaciones. Luego de verme en los noticiarios después de las decepciones políticas, me di cuenta de que para el público (y para mí al verme), no había diferencia entre la manifestación física del valor real o fingido.

Si pueden contener las lágrimas, el enojo y la vacilación y en cambio transmitir confianza, saldrán avante. Nadie sabrá la diferencia. Cuando tienen éxito en transmitir valor, serán valientes a los ojos de los demás y la consiguiente confianza que ellos tengan en ustedes les dará fuerza. Esto me ha sucedido en varias ocasiones, pero el momento que de inmediato viene a mi mente es cuando me enfrenté a la ruina de mi campaña para el Senado. Aunque fue una prueba muy difícil de soportar, lo hice y nadie pudo ver que me estaba muriendo por dentro. Varios canales de televisión repitieron constantemente mi discurso y cada vez que lo veía, me maravillaba de cómo pude lograrlo. Aunque estoy convencida de que las oraciones de mis amigos y familiares ayudaron, al final estábamos sólo las cámaras y yo. Todos, incluyéndome a mí, vimos a una candidata tranquila y serena que, sin importar lo mucho que se esforzó, no pasó la elección primaria.

Una pistola apunta a mi cabeza
Casi siempre andaba a la carrera y, como resultado, un día olvidé un documento importante que necesitaba para una junta. En mi reloj eran casi las dos de las tarde y la junta empezaría en unos minutos. Por suerte, no vivía le-

jos; decidí subir a mi pequeño Miatta e ir volando a casa para recoger el documento olvidado. Igual que hacen otros, decidí devolver algunas llamadas telefónicas en el coche durante una ruta que podía recorrer prácticamente con los ojos cerrados. Al llegar a la entrada oprimí el botón que abre la puerta del garaje y metí el auto. Apagué el motor y traté de concluir la conversación cuando, al mirar en el espejo retrovisor, vi a un joven con la cabeza rasurada. Entró con aire arrogante a mi garaje, vistiendo una playera extra grande, pantalones caqui arrugados y zapatos tenis.

Todo lo que pude hacer fue repetir: "¡Dios mío!", en el teléfono. Antes de que me diera cuenta, una pistola de color azul rey y plata que parecía de juguete apuntaba a mi cabeza. No vi mi vida pasar delante de mí como se cree popularmente, pero sí vi los rostros de mis tres hijos que flotaban alrededor.

"Entrégueme su bolsa y el teléfono", dijo.

Mi respiración se aceleró y traté de aparentar valor lo mejor que pude y no paralizarme por completo. Estaba prisionera en mi propio coche. Así es como todo termina, pensé. Fácilmente cumplí sus órdenes y lo miré directamente a los ojos al entregar mis posesiones.

"¡No me mire!", dijo.

Era demasiado tarde: la cara de este hombre con ojos de odio y cejas pobladas quedó grabada permanentemente en mi memoria. Huyó corriendo, transformándose en una figura flotante en mi espejo retrovisor que me acosaría por años.

Aunque en realidad estaba temblando, corrí al interior de la casa y llamé a la policía. Unos momentos después vi el conocido rostro del oficial Luna y perdí el control: estaba destrozada. Le pregunté cómo podía pasar esto en plena luz del día; no era que me lo hubiera encontrado en un callejón oscuro a las tres de la mañana. ¿Qué tan atrevidos se estaban volviendo los pandilleros que asaltaban a las personas afuera de su propia casa? ¿Cómo pudo uno de ellos asaltarme? Como miembro del consejo legislativo yo representaba al pueblo y tenía la supervisión del departamento de policía. Luego me di cuenta que acababa de tener una experiencia representativa de cómo era la vida en mi ciudad. Quería creer que el ataque fue aleatorio, pero acontecimientos posteriores demostraron lo dudoso de la teoría. Lo que me causó mayor angustia fue ver lo joven que era mi asaltante; obviamente las pandillas tenían mayor influencia y poder de lo que había querido reconocer, era un problema muy arraigado. Toda la experiencia fue un comentario triste y vergonzoso sobre la calidad de vida en mi ciudad.

Ahora más que nunca, estaba firme en mi necesidad de eliminar los problemas pandilleriles en la ciudad: quería suprimirlos para siempre. Detestaba lo que le habían hecho a nuestra seguridad, a nuestra comunidad comercial y a nuestros jóvenes. Las pandillas habían hecho que bajara notablemente el nivel de vida en la otrora ciudad orgullosa. Se estaban apoderando poco a poco de ella, como un virus mortal. El pandillero que me asaltó no sólo se llevó mi bolsa y el celular; me despojó de la serenidad que tenía antes. Podía reemplazar mis pertenencias, pero mi psique había recibido un duro golpe; podría extrapolar los efectos que el ataque me produjo a lo que la ciudad experimentaba en su totalidad.

En muchas noches posteriores dormía en posición fetal; mi esposo rascaba con cariño mi espalda para tranquilizarme. Estaba preocupado por mí y sugirió que me fuera de vacaciones a México para que tuviera tiempo para mí y me alejara de la ciudad. Traté de sacudirme la experiencia, pero se agarraba a mi espalda como un mono diabólico. Quizá mi mente era mi peor enemigo, proyectando las aterradoras imágenes del hecho entre las paredes de mi cráneo, repitiéndolas como una película de horror continua de la que no podía escapar. Siempre que me estacionaba en el garaje, sentía la presencia del pandillero. Constantemente veía el espejo retrovisor, tenía miedo de seguir adelante con mi vida. Con el tiempo, el trauma causado por el hecho dejó de tenerme pendiente de un hilo, pero nunca se desvaneció por completo. Me habían violado gravemente por segunda vez en mi vida, pero esta vez ya no era una niña. Era adulta en una posición en que podía hacer algo al respecto.

Aparentar el valor
Tuve un desasosiego muy arraigado hasta que vendimos esa casa. Todavía en ocasiones siento una paranoia indescriptible y me resisto al impulso de mirar en el espejo retrovisor. Tengo miedo de ver esos ojos de ira, realzados por las cejas pobladas.

Me fui a México y al regresar no sólo decidí combatir mis inseguridades, sino también el problema de las pandillas que era una constante en la ciudad. Éramos nosotros contra ellos e íbamos perdiendo contra su arsenal de drogas, alcohol, prostitución y disparos desde vehículos. Parte de los esfuerzos del consejo incluyó traer al nuevo jefe de policía. El consejo prometió que de alguna manera le daríamos todos los recursos necesarios para que los resultados fueran tangibles en la comunidad. Nuestro objetivo era claro: librar de pandillas a la ciudad y observar el descenso en el porcentaje delictivo que iba en aumento. Sabíamos que era una batalla muy difícil, así que cuanto más pronto la libráramos, mejor. Teníamos que enfrentarnos a la consecuencia de las luchas entre las pandillas por los territorios: el duelo de las familias de los pandilleros fallecidos.

Me involucré en el trabajo lo más personalmente que pude; a menudo patrullaba con los oficiales de policía por las calles de la ciudad. Mi manera de pensar era nunca pedirle a alguien realizar algo que yo no estuviera dispuesta a hacer y eso incluía el combate al crimen. Si pedía a los policías que patrullaran las calles a las dos de la mañana, entonces yo debería intentar hacerlo con ellos. Por supuesto, aunque no hubiera podido tener una participación activa, no iba a apartarme del problema; sería algo que atestiguaría en forma directa. Pasé por el departamento de policía durante las fiestas navideñas, de año nuevo y otras, porque si estaban dispuestos a sacrificar el tiempo con sus familias, entonces yo debería hacer lo mismo, convencida de que si estaban allí con la misión de proteger a nuestra ciudad, para garantizar que pudiéramos disfrutar las fiestas, entonces lo menos que podía hacer era demostrar mi apoyo.

Durante estos recorridos con la policía, comprendí más a fondo las fuerzas psicológicas y sociológicas que se entremezclan para provocar la violencia pandilleril. Nunca me olvidaré de una ocasión, como a las dos de la mañana, cuando oímos tiros cercanos. Fue difícil darse cuenta de dónde venían los sonidos alarmantes, pero el oficial llamó a la sección de despachos y de inmediato se dirigió a toda prisa al punto que le indicaban sus instintos. Todo el procedimiento ocurrió con movimientos rápidos y esto sólo era producto de la experiencia. En cuestión de minutos vi otra escena que nunca me dejará: un niño de 11 años en una camioneta pickup y con sangre saliendo de una herida en la espalda. Su hermano mayor lo acunaba y repetía: "No, no. No mi hermanito, por favor, mi hermanito no". Nos miró con lágrimas y explicó que había pasado un coche y uno de los hombres le había preguntado de dónde era y él contestó: "De ningún lado". Evidentemente fue la respuesta equivocada. Hubo varios disparos al azar y uno le dio a su hermano.

Aun cuando se suponía que yo no debía intervenir, mis instintos maternales se apoderaron de mí y corrí a donde estaba el niño en la parte trasera de la camioneta. Me acerqué lo suficiente para ver la herida y su rostro pálido antes de que los oficiales me frenaran. Inmediatamente me vinieron a la mente muchas preguntas, la primera obvia: ¿qué hace ese niño afuera a las dos de la mañana? ¿Dónde están sus padres? Reducir la incidencia de la violencia pandilleril ya era una cuestión personal para mí, pero ver a este niño sangrando en abundancia me dio la determinación para asegurarme de que se detuvieran estos crímenes sin sentido. Por desgracia, los delitos continuaron. Poco después hubo otros disparos desde un vehículo en movimiento que cobraron la vida de una chica. La investigación condujo hasta el tirador, al cual también mató de un balazo uno de los miembros de su pandilla por atraer demasiada atención hacia ésta. Este otro tirador también acabó en la cárcel. Al final, tres familias se alterarían para siempre por un crimen sin sentido. Vi directamente que lo único más doloroso que dar a luz a un hijo era enterrarlo. Acompañé en el sentimiento a todas las madres dolientes, en especial la madre de la chica, porque no había nada que pudiera haber hecho para proteger a su hija de algo tan imprevisible como los disparos desde un vehículo. También sentí pesar por las otras dos madres porque no le dieron la vida a unos asesinos: algo que sucedió entre su nacimiento y su muerte salió muy mal. Me preguntaba si había algo más que esas dos madres podrían haber hecho. Sus dos hijos crecieron rodeados por el crimen y, tal vez, pensaron que si no podían vencer a las pandillas, entonces se les unirían. Aprendieron a sobrevivir. Por supuesto, tenían que asumir la responsabilidad personal, pero eso parecía no importar mucho cuando vi los estragos que su muerte causó en sus deudos.

Hicimos todo lo que pudimos para limpiar nuestra comunidad. Celebramos vigilias (manifestaciones silenciosas con velas) mensuales y trajimos a nuestra ciudad al gobernador, al fiscal de distrito y al fiscal general de California. Los resultados comenzaron a verse en el descenso de los porcentajes delictivos. Entretanto, también nos enfrentábamos al grave problema de la venta de documentos ilegales a los trabajadores indocumentados. Estas operaciones amenazaban con apoderarse de Pacific Boulevard, que cruzaba el corazón de nuestra zona comercial. Las personas no podían caminar una cuadra sin que los acosaran varios vendedores tratando de que les compraran licencias de manejo, números del seguro social y tarjetas verdes ilegales. Un día caminaba yo con el jefe de policía (vestido de civil) y varios colegas cuando se nos acercó un hombre que trataba de vender documentos.

¡Ya estaba harta! Cuando regresamos a la estación de policía, expresé la necesidad de limpiar de miqueros (personas que venden documentos falsos) la zona comercial. Yo era la más franca de los miembros del consejo sobre este problema en particular y, al poco tiempo, se creó una fuerza de tarea que tenía un efecto obvio. Esto disgustó a algunas personas. Varias semanas después, una conocida del círculo comercial me aconsejó detener mis esfuerzos para limpiar de miqueros el bulevar. Me dijo que simplemente me comunicaba el mensaje que le habían dado: que yo estaba perjudicando "su negocio". Parecía sentir una auténtica preocupación por mi bienestar. Le agradecí el recado y le dije que podía decirles que ninguna intimidación detendría nuestros esfuerzos y que no eran bienvenidos en nuestra ciudad. Los negocios legítimos eran los que más resentían el ambiente comercial hostil que estos vendedores ambulantes de documentos estaban creando en la zona. Como esperaban, esta advertencia me afectó, pero me aseguré de dar mi mensaje con una confianza deliberada que no sentía en realidad.

Alarmada, visité al jefe de policía y le hablé de la inquietante advertencia. Decidimos que aunque seguiríamos con todos nuestros planes, dejaría por un tiempo de ser la presentadora ante los medios. Eso fue lo que hice, pero los miqueros estaban decididos a hacer entender su mensaje. Pronto empezaron a acecharme. Al principio estuve en etapa de negación, pensando que sólo era paranoia, pero al poco tiempo quedó claro que, de hecho, me seguían a pie y en coche. Una vez, llamé a la policía y me dijeron que no entrara a mi casa. Di varias vueltas a la manzana antes de que llegara la policía y sugirieran que usara rutas alternas hacia mi casa para evitar convertirme en un blanco más fácil. Montaron vigilancia alrededor de mi casa y un coche de policía me acompañaba a casa todas las noches, después de las asambleas del ayuntamiento. Antes de limpiar la zona comercial se necesitaron meses de redadas que dieron como resultado muchos encarcelados o deportados.

Aunque los miqueros intentaron utilizar la intimidación para restringir nuestros esfuerzos, nosotros perseveramos y tuvimos la recompensa. Hubo muchas veces en que temblaba al caminar a mi casa y temía por mi vida, pero el rostro público que le di a la lucha siempre fue de fortaleza. El problema delictivo era más importante que mis temores. Por supuesto, hubiese sido más fácil y seguro no hacer caso del problema, pero para empezar por eso se había agravado. ¿Qué clase de servidora pública hubiera sido si hiciera caso omiso de los graves problemas que enfrentaba mi ciudad? Hace mucho tiempo aprendí que "el valiente vive hasta que el cobarde quiere". Las pandillas tuvieron éxito hasta que la comunidad se levantó en su contra. Así lo hicimos y a las pandillas no les quedó más remedio que irse a otro lugar. Pusimos de manifiesto que ya no llevaban la batuta en Huntington Park. No importa si algunas veces me apoyé en un valor fingido para salir avante, valió la pena esforzarse para tener como resultado una ciudad más segura.

7. Cuando alcancen el poder, cerciórense de usarlo

Si adoptan las seis medidas antes expuestas en este capítulo y las combinan con mucho trabajo, es casi un hecho que estarán en un puesto de poder. En ese caso, este mandato final que nos lleva juntos al final de la jornada reviste particular importancia. El poder y la influencia son relativos y existen en el entorno personal, comercial, político y de otro tipo. Lo más importante es que una vez que lleguen al puesto que buscaron, se cercioren de ejercer el poder que ahora tienen. Ya recorrieron un largo camino y no utilizar su influencia para bien significaría que sus esfuerzos fueron en vano. He visto el poder corrupto, pero también cómo puede emplearse con prudencia y con un objetivo. Por ejemplo, utilizar su poder para eliminar las barreras que podrían impedir que otros sigan sus pasos es algo por lo que vale la pena esforzarse. Ver que otros alcanzan el éxito porque los ayudaron, en vez de obstaculizarlos, es una gran recompensa.

El mundo necesita más dirigentes que hagan buenas y extraordinarias acciones. Estos dirigentes son de muy diversos tipos y proceden de diferentes sectores de la sociedad. ¿Serán ustedes uno de ellos? ¿Estarán a la altura de la ocasión? En mi vida, trabajando en el gobierno, es donde encontré las mayores oportunidades de utilizar el poder para hacer el bien. Sea cual sea el segmento de la sociedad donde estén, serán personas mucho más felices si usan el poder para crear un mundo mejor. Algunos creen que esta filosofía es poco realista en un ambiente comercial duro, donde la competencia muchas veces es feroz o en cualquier otro entorno donde hay muchos atajos para llegar al poder. La verdad es que estos atajos sólo conducen a una ilusión de poder. La verdadera influencia se gana con dificultad y vale la pena el esfuerzo. Cuanto mejor entiendan las diferentes dimensiones del poder, mejor preparados estarán para la jornada que les aguarda.

El poder puede corromper

Fue una experiencia didáctica ver cómo uno de mis colegas que había estado mucho tiempo en el consejo utilizó su poder para ayudar a sus amigos. Aunque en los noticiarios y en otras partes he visto muchos ejemplos de cómo la política puede ser corrupta, eso no sustituye lo que veo directamente. Recuerdo un día en particular cuando le retiraron el contrato a un proveedor, no por faltas suyas, y se lo dieron a un amigo de este miembro del consejo. El amigo no ganó este contrato y fue horrible ver que la mayoría del ayuntamiento votara a favor de esta acción. Al subir al estrado di a conocer mi opinión diciendo que después de la asamblea me iría corriendo a casa para bañarme y quitarme toda la mugre que cubría esta decisión. El favoritismo flagrante me dio rabia. El equilibrio se restableció cuando la ciudad fue objeto de una demanda y, después de muchos años de litigio, le restituyeron el contrato a la compañía original.

Recuerdo una línea del poema *A Gloria* que se me grabó desde que lo descubrí en mi clase de español en México: "Hay aves que cruzan el pantano y no se manchan... ¡Mi plumaje es de esos!" En la política he cruzado muchos pantanos lodosos y visto la mugre alrededor. Permanecer fiel a mi objetivo y misión en la vida me dio la fuerza para seguir volando y salir con mi integridad intacta. Asegúrense de no dar a alguien el poder para erizar o ensuciar su plumaje.

Habrá veces en que alguien reciba crédito por el trabajo que todavía brilla con su sudor fresco. En el peor de los casos, su trabajo ni siquiera será reconocido, no mencionarán su nombre y se sentirán como fantasmas llenos de resentimiento. Esto puede ser irritante y sin duda difícil de tolerar. Recuerdo específicamente a una de mis colegas que parecía aparecer de la nada en las oportunidades para fotografiarse. Era difícil ver su sonrisa ante las cámaras cuando yo sabía que era yo quien había realizado un trabajo incansable en el proyecto. Ella podría cantar victoria y verse orgullosa, pero no podía disfrutar la gloria de saber, como yo, que era mi trabajo duro lo que nos llevó allí. Había cierto consuelo en saber que quienes me rodeaban también sabían que mi arduo trabajo era el que reconocían con una fotografía o un artículo en el periódico.

Aun hoy, a menudo abro el periódico y leo cómo a los políticos se les acusa de conflicto de intereses, corrupción, extorsión y la lista continúa. Me pregunto cómo es que las personas que, casi estoy segura, comienzan su trabajo en el gobierno con las intenciones más nobles y un claro compromiso, terminan tras las rejas. No sólo me deja pasmada, sino me ofende y, más que otra cosa, me entristece porque le da una mala reputación a la política.

Lamentablemente, he visto a muchas personas de los negocios y de la política que trabajaron mucho por conseguir un puesto de poder para luego dejarse consumir por él. El poder puede ser abrumador cuando nunca se ha tenido y se desconoce cómo manejarlo. Otras veces puede ser como una droga.

El poder como adicción
Es trágico ver que las personas luchan a brazo partido para conservar el poder que tienen. Desafortunadamente, estas personas han permitido que el poder defina su existencia. Le dan gran énfasis a lo que es menos importante: la denominación de su puesto, la ubicación y mobiliario de sus oficinas, el número de ayudantes que los rodean, el número de asesores que tienen, etcétera. Han interiorizado por completo lo que otros han dicho de ellos, en especial los elogios. Leen los comunicados de prensa que salen de su oficina con la descripción de sus logros y piensan sólo en cómo podrían añadir más logros a la lista. Sin darse cuenta, han derrotado todo el objetivo del poder para hacer el bien en el mundo, volviéndose sus esclavos.

Prueba de esto me rodeaba cuando vi la desesperación de las personas al saber que se acercaba el final de su periodo en el cargo. No podían entender cómo seguiría la vida después de que terminaran sus designaciones o cargos de elección popular. En lugar de ver las oportunidades que había a su alrededor, permitían que su ética se disipara al luchar por aferrarse a lo que creían era el poder. Ya no los guiaba una meta o el sentido de servicio, sino sólo lo que se había convertido en una sed insaciable. Los extremos a los que llegan las personas son alarmantes. Igual que los esclavos y los prisioneros, con frecuencia terminan tras las rejas.

Siempre he tratado de conservar la humildad en presencia de cualquier poder que me hayan concedido. No he perdido de vista que cualquier poder percibido que tuviera, me lo dieron otros con una mano y, fácilmente, me lo podrían quitar con la otra. La mejor lección de humildad fue saber que mi comunidad me había elegido para un puesto influyente, confiando en que velaría por sus intereses. Un momento esclarecedor fue la primera vez en que presté juramento para un puesto de elección. Al repetir el juramento, me lo tomé a pecho. Fue el momento en que vi con sorprendente claridad que la gente me estaba confiando su bienestar. Me prefirieron a otras personas para que tomara decisiones por ellos.

Aunque he prestado juramento varias veces, como funcionaria designada o elegida, no ha perdido el efecto que tiene sobre mí. Cuando el documento de mi comisión presidencial llegó a mi oficina en la Secretaría del Tesoro, lo leí y lo releí. Al final, lo coloqué en la pared cerca de mi escritorio para que me sirviera de norte y recordatorio antes de tomar asiento cada mañana. La serie de palabras describe las cualidades que me ayudaron a obtener mi puesto y lo que se esperaba de mi comportamiento al ser tesorera. Puedo recitarlo de memoria: "Sabed que, depositando una confianza especial en la integridad, diligencia y discreción de Rosario Marín, de California, la he nominado y con el asesoramiento y consentimiento del Senado la designo tesorera de Estados Unidos". Estaba consciente del hecho de que esa era la máxima distinción que había tenido hasta ese momento de mi vida. Sentí humildad ante un puesto que sólo habían ofrecido a 40 personas antes que a mí. Estaba agradecida por ese honor, y aún lo estoy. ¿Por qué, en este puesto de poder, haría algo para que se cuestionara mi integridad? El presidente esperaba el máximo grado de conducta por mi parte y es exactamente lo que ejercí.

Hoy día, cuando hablo con los nuevos miembros del consejo o con personas que quieren entrar al servicio público, siempre les digo que la pregunta más decisiva que podrían hacerse antes de tomar cualquier decisión es si están actuando en beneficio del pueblo al que representan. Es así de sencillo. Si la respuesta fuese no, entonces no pueden avanzar con la conciencia tranquila. Pensarán que esto sería sentido común, pero he encontrado innumerables ejemplos donde estoy segura que los políticos y otros no dedicaron los minutos necesarios para hacerse las preguntas importantes. Es como si olvidaran que los eligieron o los designaron. Será difícil que ustedes se equivoquen si proceden con lo que consideren que es mejor para las personas que resultarán afectadas por su decisión.

El uso acertado del poder
Cuando trabajé en la oficina de relaciones comunitarias para el gobernador Wilson, estaba consciente de que una llamada de mi departamento podría trastocar la jornada laboral ordinaria de otros departamentos y consejos. Pensarían que tenían que dejar cualquier trabajo que estuvieran haciendo para obtener lo que necesitara nuestra oficina. Esto lo había experimentado en forma directa cuando trabajé en diversos departamentos y consejos antes de mi cargo con el gobernador. Nos capacitaron para que en cualquier momento respondiéramos a cualquier cosa que solicitara la oficina del gobernador. El primer

paso era comunicarlo siempre a nuestros supervisores y, a su vez, ellos garantizarían que nuestra respuesta fuera lo más rápida posible.

Al tener conocimiento de lo perturbadora que podía ser una llamada mía, hacía todo lo posible para asegurarme de que las personas no se desvivieran sólo porque llamábamos. Les daba una clara explicación de lo que necesitaba y pedía que se hiciera dentro de un plazo específico y razonable. Era respetuosa de sus labores diarias y me aseguraba de que supieran que yo estaba consciente de sus recursos limitados. La persona con la cual hablaba por teléfono siempre parecía agradecer lo expresado. Como resultado, yo sabía que podía contar con ellos cuando verdaderamente los necesitara.

El gobernador nos había enseñado a distinguir entre los niveles de importancia y de urgencia. Al priorizar mi trabajo, primero abordaría los rubros más importantes para garantizar que se hubiera reducido mucho la urgencia. Al gobernador le desagradaba el ambiente frenético que se producía cuando alguien no daba la importancia adecuada a una tarea en el momento adecuado. Consideraba que pocas veces se deberían presentar las urgencias de último minuto. No podía yo estar más de acuerdo y me aseguraba de no contribuir al día ya de por sí ajetreado de alguien, debido a las peticiones de último minuto.

Aprendí que el uso sensato de cualquier poder que me diera el trabajar para la oficina del gobernador daba como resultado un respeto mutuo entre todo el mundo que encontraba. Comprendí que el poder no sirve si se ejerce sin sentido. La mejor manera de conducirse es la acción directa, clara y decidida.

Por favor usen su poder

Como nuestros viajes juntos tocan a su fin, espero que si obtuvieron algo al leer la historia de mi vida, sea que el poder puede y debe usarse para bien. Nada es más frustrante que observar a personas que han logrado un puesto con poder sólo para abusar de él o desperdiciarlo. Toma tanto trabajo, tiempo, energía y esfuerzo llegar y cuando lo logran, lo arruinan. Esto resulta doloroso, especialmente cuando sucede con las minorías y las mujeres que han llegado a puestos influyentes. Después de vencer más barreras que otros, algunos se ven envueltos en escándalos y no logran nada. ¿Por qué titubean y renuncian a las convicciones que los llevaron a donde se encuentran?

Como tal vez ya dejé en claro, casi siempre tiendo a convertirme en activista a favor de los más desamparados entre los desamparados. Cuando fui activista en pro de las personas con discapacidades, trabajé aún más por las minorías raciales dentro de ese grupo. Cuando fui miembro de los grupos hispanos, abogué por los hispanos con discapacidades. Como alcaldesa de una ciudad pobre y sin derecho alguno, traté de ayudar a los más pobres. Como tesorera, traté de ayudar a la población "sin banco" a través de una campaña de cultura financiera.

La política a menudo se torna personal para mí, debido a mi origen. Pase lo que pase, siempre defenderé intensamente a los pobres, a los maltratados y a los discapacitados. No siento la necesidad de justificarme o disculparme. Cualquiera que me conozca sabe cuál es mi postura en los problemas. Quienes no me conocen se enteran bastante rápido de mis opiniones, porque las muestro abiertamente.

Cuando fui alcaldesa de mi ciudad, era sumamente importante para mí permitir que a los dueños de comercios les fuera bien, mejorando el clima empresarial de la ciudad. Aunque soy muy firme al aplicar la ley, también he intervenido en la formulación de reglamentos; sé cómo se pueden interpretar sobre el terreno y, algunas veces, se permite una libertad de acción discrecional. Entiendo la necesidad de conceder excepciones si es para un bien mayor y está dentro de su poder hacerlo.

El director de desarrollo de mi comunidad tenía noticias mías de tanto en tanto, cuando yo consideraba que estábamos imponiendo barreras severas, en especial a las pequeñas empresas. En ocasiones, nuestros reglamentos eran tan onerosos que le decía que los llevaríamos a la quiebra incluso antes de que tuvieran la oportunidad de inaugurar. Los propietarios de negocios me hablaban de sus luchas y se quejaban de todos los reglamentos que necesitaban cumplir en el plazo que fijaba nuestra oficina.

El propietario de un negocio específico pensaba que había cuidado hasta el último detalle. Había gastado una pequeña fortuna en publicidad de radio, televisión y periódicos antes de su gran inauguración. Su espíritu empresarial era admirable. Sin embargo, durante la inspección final, observaron que las macetas, que se pretendía sirvieran de barreras, no tenían el tamaño pedido. Se decidió que tenía que aplazar su gran inauguración tan esperada. Para aumentar su aflicción, el ayuntamiento cerraba los viernes y no había tiempo de ordenar otra inspección, aunque pudiera solucionar el problema conforme a nuestros reglamentos. Por supuesto, no era el trabajo de los inspectores (ni estaba en su poder) tomar en cuenta la gran cantidad de dinero que el propietario había invertido en la inauguración de la tienda.

El dueño me localizó y explicó su situación. Sentí lástima por él y aunque habría sido fácil decirle que tendría que esperar como todos a que abriera el ayuntamiento, ¿qué se ganaría con eso? Le dije que haría todo lo posible para que su gran inauguración llegara a buen término. Rápidamente convoqué a una junta entre el supervisor técnico del municipio y el personal encargado de imponer el cumplimiento de códigos. Con un poco de ayuda, este pequeño empresario pudo inaugurar según lo programado y todos quedaron contentos. Los encargados de aplicar los códigos hicieron su labor, el supervisor técnico evaluó la seguridad de las barreras y pude usar mi puesto para ayudar a un pequeño empresario cuyo negocio ha producido desde entonces ingresos tributarios significativos para la ciudad. Tomé la decisión de que era necesario hacer excepciones en este caso, porque ningún tipo de planificación podría haber preparado al dueño del negocio para este reglamento de último minuto. Decidí que en nada beneficiaba a la ciudad o a los servidores el que este negocio no abriera a tiempo.

Otro ejemplo del buen uso del poder fue cuando hice notar el terrible estado de nuestras escuelas. Luché para que éstas se separaran del Distrito Escolar Unificado de Los Ángeles (LAUSD). Ser parte de ese distrito escolar no ayudaba en nada con la astronómica e inaceptable tasa de deserción escolar de 60 por ciento. Ese tipo de estadística no ocurrió de la noche a la mañana. Aunque sus causas sean variadas, no ayuda el hecho de que nuestros residentes no les hayan prestado atención durante mucho tiempo. Parecía que los problemas que hubo en Huntington Park y otras ciudades del sureste apenas aparecían en el radar político.

La tasa de deserción escolar dista mucho de ser aceptable, pero se hicieron grandes progresos cuando las ciudades independientes del área sureste de Los Ángeles unieron fuerzas para darle cierta atención a varios de los antiguos problemas. Nos hicimos oír e hicimos tal ruido que, a la larga, el distrito empezó a construir más escuelas en nuestra área. Por fortuna, pude utilizar mi poder para destacar este problema tan difícil. Sabía que era mi deber. No hubiera servido que simplemente me cruzara de brazos y jugara con mi poder como si fuera una especie de juguete. Se le dio un uso mucho mejor como instrumento de cambio.

Ganarse el derecho a vestir de rosa

Antes de despedirme debo preguntar: una persona poderosa como ustedes, ¿qué vestiría para la jornada que se avecina? ¿Qué colores representan para el mundo exterior el poder que tienen en su interior? ¿No es verdaderamente satisfactorio sentir que llegan a una etapa de su vida donde tienen suficiente confianza para usar los colores que les plazcan?

No tuvimos mucho dinero mientras crecíamos, pero mi familia se enorgullecía de la manera como nos presentábamos. Sé que, consciente o inconscientemente, la gente juzga sólo por las apariencias. Esto lo reflexioné bastante cuando la revista *Hispanic Business* estaba a punto de publicar un artículo sobre mí y todos tenían una opinión en cuanto al color que debería usar.

Siempre he estado consciente de los colores que uso cuando hago negocios o trabajo en la política. Cuando me contrataron para mi primer trabajo, leí un estupendo libro titulado *Dress for Success* (Vestirse para triunfar) y seguí sus pautas al pie de la letra. Al subir en el escalafón, me aseguré (aun si me costaba unos cuantos dólares) de vestirme "apropiadamente", con colores que fueran "adecuados" para mi entorno laboral. En el banco era de negro, azul de raya diplomática, azul marino y gris. Tenía tantos trajes negros que hubiera estado preparada para asistir en cualquier momento a un funeral al mediodía. Al ascender en la profesión, el sentido común indicaba que el rojo era lo aconsejable si quería mandar mensajes sutiles de poder.

Por lo tanto, no me sorprendió que, cuando trataba de tomar una decisión para la portada de la revista, muchos miembros de mi personal sugirieran el rojo, a fin de dejar muy en claro que yo era la latina de mayor rango en la administración del presidente. Algunos otros dijeron que debía usar azul marino, el color de los negocios. Alguien más pensó que debería vestirme de verde, el color del dinero. Luego hubo una sugerencia del azul rey, porque había hecho historia como la primera inmigrante en llegar al cargo de tesorera.

Después de escuchar las sugerencias con mucha atención, simplemente las agradecí.

"¿Qué color va a usar?", preguntaron todos al unísono.

"¡Rosa!", dije orgullosamente.

Me reí al ver las miradas de perplejidad alrededor. Decidí que si las personas iban a juzgar por las apariencias, vestiría con un traje rosa. La gente pensó que estaba loca para siquiera pensar en ese color para la portada de una revista de negocios. Les expliqué que esperaba que el cargo de tesorera de Estados Unidos hablara por sí solo. Ya no siento la necesidad de transmitir una sensación de poder usando rojo o algún otro color. Me había ganado el derecho a usar cualquier color que deseara. Me gusta el rosa y fue rosa.

Cuando la revista apareció en los puestos de periódicos, oí muchos comentarios. Muchas personas, en especial mujeres, dijeron que verme de rosa las animó a vestirse del color con el que se sentían más cómodas. Una mujer que conocí unos meses después, me dijo que compró la revista para saber más de la atrevida que vistió de rosa en la portada de una revista de negocios. Terminó el diálogo diciendo: "¡Adelante!"

Hoy día, viendo mi clóset, me doy cuenta de que tengo prácticamente todos los colores que querría usar, como prueba de una jornada larga y gratificante. No pongo mucha atención a los colores que son adecuados para cada temporada; sólo elijo lo que tengo ganas de usar. El mensaje que espero enviar es sencillo: ya llegué y puedo usar el color que quiera.

Tristemente, querido lector, se acabó nuestro tiempo juntos. Sea cual fuere tu misión en la vida, ruego que experimentes la sagrada alegría de saber que alguien se preocupa por ti, que como resultado de tus esfuerzos actuales, tu familia y tu comunidad son mejores que ayer y puedes estar agradecido por hacer la labor de Dios aquí en la tierra. Buena suerte y buen viaje en toda tu jornada. Estaré contigo en espíritu.

Agradecimientos

La creación de un libro es un proceso fascinante. Me di el lujo de que muchas personas me alentaran y apoyaran durante este proceso. No obstante, faltaría a mi obligación si no agradeciera la convicción de Johanna Castillo en la fuerza de mi historia; el tiempo y esfuerzo empleados por Christine Rubin para leer el borrador y cristalizar algunas ideas; a mi querida amiga Shirley Wheat, cuya investigación era de lo más necesaria; a Sean Walsh y Dan Zingale por leer los manuscritos y asegurarse de que el libro estuviera completo hasta el mínimo detalle. Por último en orden, aunque no en importancia, quiero dar gracias a Carlos Queirós, cuya orientación fue invaluable para la creación de este libro.